유튜브, 스마트러닝용
동영상 제작·편집·공유 일체형 프로그램

캠타시아 활용
전문가 되기

㈜ 헬리오스

유튜브, 스마트러닝용
동영상 제작·편집·공유 일체형 프로그램

캠타시아 활용
전문가 되기

초판 1쇄 인쇄 | 2020년 6월 30일
초판 1쇄 발행 | 2020년 7월 15일

지은이 | 김익순
발행인 | 김남석

발행처 | (주)대원사
임프린트 | 헬리오스
주   소 | 06342 서울시 강남구 양재대로 55길 37, 302
전   화 | (02)757-6711, 6717~9
팩시밀리 | (02)775-8043
등록번호 | 제3-191호
홈페이지 | http://www.daewonsa.co.kr

ⓒ 김익순, 2020

Daewonsa Publishing Co., Ltd
Printed in Korea 2020

ISBN | 978-89-369-2149-1

이 책의 국립중앙도서관 출판시 도서목록(CIP)은 e-CIP홈페이지(http://www.nl.go.kr/ecip)에서
이용하실 수 있습니다. (CIP제어번호 : CIP2020027083)

유튜브, 스마트러닝용
동영상 제작·편집·공유 일체형 프로그램

캠타시아 활용
전문가 되기

김익순 지음

헬리오스

캠타시아 프로그램 소개 및 특징, 장점, 주요 기능

캠타시아(Camtasia) 프로그램 소개

01 전문가가 아니어도 누구나 쉽고 빠르게 동영상을 녹화, 편집, 생산, 공유할 수 있는 프로그램이다.

화면을 녹화하거나 카메라 또는 다양한 방법으로 동영상, 오디오, 이미지를 가져올 수 있다. 게다가 동영상 제작 시 민감한 부분 중 하나인 지적재산권에 대한 부분을 캠타시아 제작사인 테크스미스(Techsmith)가 제공하는 '로열티프리' 콘텐츠를 사용함으로써 해소할 수 있다는 큰 장점이 있다.

02 맥(Mac)과 윈도즈(Windows) 컴퓨터에서 콘텐츠를 편집할 수 있고, 거의 모든 장치에서 신속하고 쉽게 시청자와 동영상을 공유할 수 있다.

유튜브를 활용할 경우 동영상 저장 공간을 무제한 제공하고 공유할 수 있다는 것은 아주 큰 장점이다. 유튜브 이외에 직접 동영상 서비스를 위한 서버를 구축하여 자체적으로 제공할 수도 있으나 이러한 경우 장치비, 라이센스비, 유지비 등 상당한 금액이 소요될 것이다.

캠타시아 프로그램의 특징

01 메뉴나 기능 아이콘 등이 복잡하지 않아서 초보자도 충분히 다룰 수 있다.

저자의 『캠타시아 활용 전문가 되기』로 캠타시아 메뉴를 하나씩 익히고, 또한 저자가 제공하는 동영상을 시청한다면 직접 동영상을 녹화·편집·생산·공유할 수 있게 된다.

02 윈도즈에서 기본으로 제공하는 미디어 플레이어(Media Player)만으로도 재생이 가능, 번거롭지 않다.

전용 뷰어(Viewer)나 플러그인을 사용하지 않고 윈도즈에서 기본으로 제공하여 보는 이로 하여금 번거롭게 하지 않는다. 가장 중요한 모바일 기기에서 활용하는 데 최적화된 파일 형태를 제공하고 있어 신속한 공유가 가능하다.

03 유튜브 및 다양한 방식으로 연동하여 원격 강의를 할 수 있다.

제작된 동영상을 유튜브 및 다양한 방식으로 연동하여 원격 강의를 할 수 있다. 이때 구글 프로그램과 연결한다면 창의적인 활용이 가능하게 된다.

04 갖추어야 할 장비가 거의 없다.

멀티미디어 컴퓨터 시스템 정도면 강의 파일을 제작할 수 있다. 깨끗한 음질을 위해서 USB 방식의 헤드셋 정도만 구비한다면 좋다.

☞ 추천 헤드셋－Microsoft Livechat 3000(저자 사용), 인터넷으로 검색 후 구입하세요.

05 세계 최초 화면 녹화 기능을 담은 프로그램으로서 안정적으로 동작한다.

캠타시아는 1990년 윈도즈 환경에서 세계 최초로 화면 녹화 기능을 담은 프로그램으로, 그동안 꾸준한 버전업을 해왔으며, 안정적으로 동작한다.

06 캠타시아는 상대적으로 낮은 가격에 구입 가능하다.

여타의 동영상 강의 제작 도구가 매우 고가인 데 비해 캠타시아는 상대적으로 낮은 가격에 구입이 가능하며, 한글판 제품도 출시되어 있다. 하지만 아쉽게도 가장 최신 버전인 '캠타시아 2019'는 한글 버전이 준비되어 있지 않다. 따라서 본 도서를 통해

최신 버전의 캠타시아를 쉽게 익힐 수 있으며, 이후 버전이 업데이트되어도 충분히 이해하고 따라잡을 수 있다.

캠타시아 프로그램의 장점

01 화면에서 이루어지는 거의 모든 일을 캡처해서 동영상 파일을 만들 수 있다.

윈도즈의 프린트 스크린키(Print screen key)로 전체 화면 또는 활성화된 창을 정지 그림으로 저장한다든가, 하이퍼 스냅·스내그 잇 등 정지 화상 캡처 유틸리티를 이용하는 것보다는 훨씬 다이나믹하게 화면의 움직임을 오디오와 함께 기록할 수 있다는 점에서 쓰임새가 상당히 다양해질 수 있다.

02 다양한 강의 제작 및 커뮤니케이션에 좋은 도구이다.

컴퓨터의 화면을 마우스로 움직여 가면서 설명을 할 필요가 있는 경우, 즉 다시 말하면 다양한 강의 제작 및 커뮤니케이션이 필요한 모든 분야에서 더할 나위 없이 좋은 도구이다.

03 '사이버 학습 자료 제작'에 활용하기 좋다.

컴퓨터로 작성된 학습 자료, 프레젠테이션 자료 등을 시연하면서 동시에 이를 동영상으로 제작할 수 있으므로 시공을 초월하는 '사이버 학습 자료 제작'에 활용될 수 있다.

04 쌍방향 기능 활용, 실시간 '원격 강의'도 가능하다.

초고속 통신망이 일반화되어 있으므로 교사가 멀리 떨어져 있는 다수의 학생들에게 접속을 하게 한 다음, 강의를 해서 이를 학생들이 볼 수 있게 하는 것이 가능하다. '쌍방향 기능'을 활용하면 일방적인 전달이 아닌 참여를 기반으로 하는 소통 및 교육이 가능하게 된다.

05 캠타시아에 내장된 편집 기능은 간단하지만 기능이 무척 강력하고 사용하기 편리하다.

장면 전환과 자막 넣기, 타이틀 만들기, 글상자 넣기와 오디오 편집 등의 다양한 기능이 제공되며, 이렇게 편집한 영상을 다양한 포맷으로 변환할 수 있다.

캠타시아 프로그램의 주요 기능

01 화면 녹화

한 번의 클릭으로 윈도즈 및 전체 화면을 고품질 비디오로 기록할 수 있다.

02 비디오 사용자 지정

비디오를 녹화하거나 기존 비디오를 가져와서 오디오, 이미지 등을 추가하고 독특한 동영상을 만들 수 있다.

03 멀티트랙 타임라인

여러 비디오 및 오디오 트랙을 빠르게 결합, 제작할 수 있다. 쉽게 오버레이를 조작하여 전문가 수준의 동영상을 제작할 수 있다.

04 콘텐츠 애니메이션

시청자들에게 설명하는 데 도움이 되는 애니메이션 콘텐츠와 글상자, 이미지, 텍스트 스크롤 등 콜아웃을 넣어 역동적인 동영상을 만들어 소통할 수 있다.

05 빠르고 쉬운 공유

클릭 가능한 링크, 콘텐츠, 검색 등의 테이블과 대화형 비디오를 생성하여 유튜브, 마이크로소프트 원 드라이브, 구글 드라이브, 페이스북, 트위터 등에 쉽게 공유할 수 있다.

동영상 활용의 장점

- 명확한 전달력
- 무료 또는 저렴한 동영상 저장 비용
- 비주얼 프레젠테이션(Visual Presentation) 효과
- 무한 재생
- 동영상과 연계한 다양한 융복합
- 시공간 초월 비대면 원격 소통

음성 또는 문자만으로 내용을 전달하는 것은 깊이 있는 공감면에서 제약이 따를 수밖에 없다. 최근 조사에 의하면 연령대별로 다소 차이는 있으나 유튜브에 의한 검색이 일반화되었고, 다양한 주제의 내용이 동영상으로 방송되고 있어 효율적인 소통 및 학습, 정보 수집의 채널이 되었다.

최근 코로나19의 영향으로 온라인 콘텐츠, 특히 동영상 제작에 대한 요구가 급격하게 높아졌다. 학교에서는 갑작스럽게 동영상을 제작해야 하는 상황이 되었고, 동영상 제작 경험이 부족한 많은 교수, 교사 등은 큰 어려움을 겪고 있다. 따라서 본 도서『캠타시아 활용 전문가 되기』는 동영상을 손쉽게 제작, 편집, 배포할 수 있는 데 중점을 두었다. 영화처럼 고도의 극적인 효과를 기대하기보다는 빠르고 간편하게 동영상을 제작하고 활용할 수 있도록 하는 데 목적이 있다.

동영상을 전달하는 방식에는 다운로드하여 인터넷이 되지 않더라도 시청이 가능한 방법도 있다. 그러나 이 방법은 동영상을 업로드하는 시간과 다시 그 동영상을 보기 위해서 다운로드해야 하는 번거로움이 있으며, 장치 및 저장 공간에 여유가 있어야 한다는 전제 조건이 필요하다. 하지만 유튜브 등은 스트리밍 방식의 서비스를 통해서 동영상을 만든 창작자가 업로드만 하면 시청자는 저장하지 않고도 동영상을 마음껏 즐길 수 있다. 아울러 이제는 동영상만을 전파하는 것이 아니라 동영상을 구글(사이트, 설문 폼, 문서, 프레젠테이션, 캘린더) 등 다양한 방법으로 융복합하여 활용할 수 있는 단계에 이르렀다. 그야말로 창의적인 생각과 실천이 중요한 시대가 되었다.

동영상이라는 가장 기본적인 콘텐츠를 활용하여 정책 안내, 기업교육, 각종 설명 등을 보다 효율적으로 수행할 수 있게 되었다. 단순 전달로 그치는 것이 아닌 인터랙티브(Interactive)하게 쌍방향으로 소통하고 피드백을 받을 수도 있다.

신입사원의 기본 교육용으로, 경력사원의 소프트랜딩을 위한 심화교육용으로, 부득이하게 참여하지 못했던 주요 영업 마케팅 회의를 동영상으로 시청하고 실시간으로 공유할 수 있는 시대가 되었다. 동영상은 그러한 실시간 공유 협업의 시대에 있어서 가장 효율적인 매개체가 되는 것은 물론이다.

『캠타시아 활용 전문가 되기』 활용 방법

01 기본 활용법

① 도서를 정독하면서 용어를 이해한다.

② 도서에 표시된 QR 코드를 클릭하여 해당 동영상을 시청한다.

③ 궁금한 점은 동영상에 댓글을 남기거나 ikekim1214@gmail.com으로 메일을 보낸다.

02 심화 활용법(이러닝에 의한 자기진단 및 토픽, 퀴즈 참여, 디지털 수료증 도전)

① 도서를 정독하면서 용어를 이해한다.

② 도서에 표시된 '이러닝 사이트에서 수강하기 QR 코드'로 접속한다.

③ 수강 등록을 하며, 도서 구입 영수증을 업로드한다.

④ 진도에 의한 비대면 원격 수업에 참여한다.

⑤ 토픽, 퀴즈에 참여하고 합격하여 디지털 수료증을 받는다.

책을 펴내며

　　동영상 프로그램을 사용하기 시작한 것은 2001년으로 거슬러 올라갑니다. 삼성전자를 퇴직하고 창업한 회사에서 소수의 인원으로 어떻게 하면 임직원 및 고객과 효율적인 소통을 할까 방법을 고민하던 중 접하게 된 캠타시아(Camtasia)를 지금껏 사용하고 있습니다.

　　캠타시아 버전은 다수 업그레이드되었고, 가장 최근 버전이 'Camtasia 2019'입니다. 아쉽지만 아직까지는 한글패치가 공식적으로는 지원되지 않고 있는데, 조만간 지원되겠지요. 그래서 한글과 영문을 동시에 표현하여 익힐 수 있도록 하였습니다. 따라서 캠타시아의 공식적인 한글 번역은 아닐 수 있으며, 향후 한글패치가 나온다면 다소 상이할 수 있는 점은 양해 바랍니다.

　　보통 5분 정도의 동영상을 만드는 데 있어서 기획과 제작, 편집, 업로드, 공유하는 데 15분 이내에 완성한다면 훌륭한 수준이라고 볼 수 있습니다. 이 정도가 되려면 기획은 마인드맵(MindMap)을 활용하여 평소에 꾸준히 연습하는 것이 좋습니다. 그렇게 되면 어떤 주제가 주어지더라도 즉시 트리맵(TreeMap) 구조가 떠오르게 됩니다. 즉, 즉시 녹화하면서 어떻게 전달할지를 기획할 수 있게 됩니다.

　　내레이션은 반드시 꾸준한 연습을 해야 합니다. 처음부터 노트북 또는 컴퓨터를 앞에 두고 헤드셋 장착 후 반응 없는 설명을 한다는 것이 쉽지는 않습니다. '어…, 음…, 그래서, 그리고' 등 불필요한 추임새 등이 녹화되면 이를 정리하는 데만도 엄청난 노력이 필요하게 됩니다.

따라서 매일 5분씩이라도 한 편씩 동영상을 만들어 보는 연습이 대단히 중요합니다. 동영상 주제는 간단하게 생각하면 됩니다.

예를 들어 학생이든 임직원이든 공지를 할 때 준비된 내용을 화면에 띄워 놓고 공지 배경 및 향후 조치 등을 자연스럽게 이야기한다고 생각하고 녹화하면 됩니다. 동영상으로 공지하기 때문에 보다 명확하고 신속하게 전파할 수 있습니다. 피드백 혹은 모니터링이 필요할 경우에는 구글 설문폼을 연동하여 이해도, 또는 학습인지도 여부를 명확하게 파악할 수도 있습니다.

저자의 경우 재직 시 기업문화 정착의 일환으로 동영상을 제작하고 이를 구글폼에 연동해 휴대폰으로 배포하고, 충분한 시간을 두어 시청 후 느낀 점을 등록하게 함으로써 임직원의 참여 의지 및 개인별 특성을 파악할 수 있었습니다. 이는 인노사관리를 위한 효율적인 경영 효율화 방법이기도 합니다.

저자는 동영상 제작 시 마인드맵은 씽크와이즈(Thinkwise), 동영상 프로그램은 캠타시아(Camtasia), 디자인 프로그램은 캔바(Canva), 사이트 제작 도구로는 WIX, Wordpress 그리고 다양한 모바일 플랫폼을 커뮤니케이션 도구로 활용하고 있습니다. 중요한 점은 융복합화하여 작업을 하는 것입니다. 사람을 연상해 보세요. 머리, 몸통, 팔, 다리 모든 것이 유기적으로 조합되어야 자연스러운 판단과 움직임을 기대할 수 있는 것입니다.

동영상 제작은 여러분들이 활용할 수 있는 기획 도구·제작 도구·협업 도구 등이 있어야 하며, 이를 전달하는 데 필요한 내레이션 역량 또한 있어야 합니다. 저자의 도서와 동영상 강의를 활용한다면 효율적으로 이러한 역량을 높이는 데 큰 도움이 될 것입니다.

향후 발간될 『이러닝 기반 스마트러닝 활용 전문가 되기』는 융합에 의한 시너지로 기업역량 강화에 기여하게 될 것입니다.

저자는 전쟁터와 같았던 실무에서 이러한 도구를 발굴하고, 익히고, 실전에 활용하는 데 아주 익숙하게 훈련이 되었습니다. 지난 15년 동안 매일 한 개 이상의 동영상을 제작하였고, 거의 6천여 개가 넘는 동영상을 제작하였습니다.

유학원을 운영하는 중에 있었던 아주 간단한 에피소드를 소개하자면, 공항버스를 타고 인천공항으로 가는 부모님으로부터 이티켓을 어떻게 보아야 하느냐는 질문을 받았을 때, 즉시 모니터 화면에 띄워 놓고 커서를 가리키며 하나씩 설명을 하였고, 이를 유튜브에 업로드하여 링크를 휴대폰으로 보냄으로써 차량 안에서 즉시 내용을 시청하고 완벽하게 이해해 문제를 신속하게 해결했던 적이 있습니다.

이외에도 복잡하고 전문적인 활용에 관한 것은 두말할 것도 없이 사례는 무수히 많습니다. 그렇기 때문에 독자 여러분들이 "이럴 때는 어떻게 하면 좋을까?" 하고 의문이 생길 때는 문의를 주시면 아이디어를 나눌 수도 있습니다.

최근 코로나19 사태로 원격 교육 및 비대면 방식이 화두에 올랐습니다. 갑작스러운 팬데믹(Pandemic) 사태로 인하여 동영상 제작·편집 활용이 당면 과제가 되었고, 전 연령대는 물론 다양한 산업 및 직종에서도 그 역량이 중요한 시점이 되었습니다.

누구나 동영상을 제작할 수 있고, 활용할 수 있습니다. 저자의 지난 수십 년 노하우를 이번에 출판하는 도서와 동영상 강의 채널을 통해 나누도록 하겠습니다.

『캠타시아 활용 전문가 되기』는 동영상 + 유튜브 + 구글(드라이브, 문서, 프레젠테이션, 시트, 캘린더, 애드온 등) + 모바일 솔루션을 융복합하여 다양한 분야에서 창의적인 활용이 가능하도록 하는 것이 목적입니다. 효율적인 쌍방향 소통을 위해서는 캠타시아를 활용한 동영상 제작·편집과 구글 및 모바일 플랫폼을 활용한 연결 실시간 협업이 필요하며, 먼저 출간된『구글 활용 전문가 되기』와 함께 활용하시면 더욱 시너지를 창출할 수 있습니다.

캠타시아는 동영상 캡처와 편집, 그리고 배포를 위한 적합한 프로그램이며, www.techsmith.com에서 일정 기간 무료로 사용할 수 있는 Trial 버전을 설치하여 연습을 해 보실 수 있습니다. 아울러 본 도서의 내용에 따라 별도의 동영상 강의가 지원되오니 도서와 함께 시청하여 자유롭게 실생활에 활용하시기를 바랍니다. 궁금한 점이 있을 경우 아래의 QR 코드를 스캔 후 제출하여 주시면 빠른 시간 내에 답변 드리겠습니다.

"시작이 반이다."라는 말이 있습니다. 거의 모든 분이 사용하고 있는 스마트폰을 활용하는 것은 그야말로 마음만 먹으면 지금 바로 시작할 수 있는 것입니다. 스마트폰을 스마트(Smart)하게, 액티브(Active)하게, 창의적(Creative)으로 사용하는 것이야말로 연결·융합·협업·공감 기반의 커뮤니케이터가 되는 방법이 될 것이라 확신합니다. 이 책이 여러분에게 그 역할이 되길 기대합니다.

캠타시아활용 질문폼

저자 김익순

차 례

I 기본편

Chapter 01 캠타시아 스튜디오 23
Camtasia Studio

Camtasia

Camtasia

II 활용편

I
기본편

Camtasia

캠타시아 스튜디오
Camtasia Studio

- 캠타시아 리코드(Record)로 모니터상의 화면과 설정 여부에 따라 오디오를 녹화, 편집, 공유할 수 있다.
- 편집 내용은 전용 포맷인 camtrec으로 저장할 수 있으며, 캠타시아 스튜디오에서만 열람·편집이 가능하다.
- 캠타시아 리코드는 전체 화면·특정 화면 영역만 캡처할 수 있으며, 캡처되고 만들어진 동영상을 다양한 편집 효과를 부가하여 제작할 수 있다.

01 녹화(Record)

컴퓨터 모니터 화면의 동영상, 오디오, 이미지를 녹화하기 위한 기능이다.

> ▪ 캠타시아 스튜디오 왼쪽 상단의 "Record"를 클릭, 또는
> F9 키를 클릭하면 녹화 전용 팝업창이 나온다.

02 녹화 팝업창(Record Pop-up Window)

- F9을 클릭하거나 빨간색 원형의 "rec"를 클릭하면 설정된 시간만큼 카운트다운이 된 후 녹화가 시작된다. 잠시 멈춤을 하고 싶다면 F9을 클릭하고, 다시 시작하려면 F9을 클릭한다.

- 녹화를 멈추고 싶다면 F10을 클릭한다.

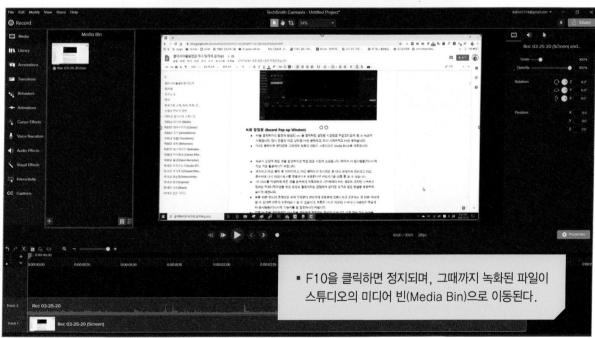

- F10을 클릭하면 정지되며, 그때까지 녹화된 파일이 스튜디오의 미디어 빈(Media Bin)으로 이동된다.

- F9을 클릭하면 카운트다운이 마무리된 후 녹화가 시작되면서 시간이 표시된다.
- Delete 클릭 시 녹화분이 삭제된다.
- Pause 클릭 시 잠시 멈추게 된다. F9 키를 클릭할 때마다 잠시 멈춤과 다시 시작을 반복한다.
- Stop 클릭 시 그동안 녹화된 분량이 캠타시아 2019 스튜디오 편집 화면의 Media Bin으로 보내진다.

- Full screen 선택 시 컴퓨터 화면 전체를 캡처한다. 가능하다면 Full screen으로 녹화하는 것을 권장한다. 녹색 점선이 모니터 화면의 끝부분에 있는 것을 확인할 수 있다. 녹화 후 스튜디오에서 사이즈 등은 편집이 가능하기 때문이다. 'Custom'으로 할 경우 특정된 공간만을 녹화하기 때문에 편집 시 제한이 있을 수도 있다.
- Custom 선택 시 지정된 범위의 화면을 캡처한다.
- Camera off 캡처 시 카메라 기능을 끄게 한다. 클릭할 때마다 on과 off가 번갈아 설정된다. 카메라를 'on' 하게 되면 내장용 또는 외장용 캠을 설치한 경우 동영상이 화면에 보여진다. 카메라를 활용하여 촬영이 되었다 하더라도 스튜디오에서 옵션으로 안 보이게 할 수 있다. 처음 제작할 때 부담스럽게 느껴서 아예 카메라를 'off' 하는 경우가 많은데, 일단 촬영해 놓고 나중에 스튜디오에서 활용 여부를 결정하면 발표자의 화면을 필요할 때 적용할 수가 있다.
- Audio on은 소리 녹음 시 on, 소리를 녹음하지 않고 싶을 때는 off를 설정한다. 클릭 후 헤드폰 설정 시 노트북 내장용 마이크를 사용할지, 앞에서 추천한 'Microsoft Lifechat 3000' 헤드셋을 사용할지를 선택한다.

Tip

노트북 내장용 마이크를 사용해도 가능하지만 이때 주변의 소리까지 녹음이 되어 음질이 좋지 않다. 고가의 방송용 마이크를 연결하여 사용할 수도 있으나 Microsoft Lifechat 3000 헤드셋의 경우 USB 형태로 별도의 설정 없이 꽂으면 바로 헤드셋을 선택할 수 있는 장점이 있고, 음질도 깨끗하다.

다만 헤드셋에 '묵음 버튼(빨간색 불이 켜짐.)'이 있는데, 이를 켜 놓고 녹화할 경우 사운드는 녹음이 안 되므로 주의를 요한다. 애써서 녹화하였으나 소리가 없어서 난감한 경우가 초보의 경우 다수 발생한다. 물론 나중에라도 영상을 보면서 소리만 따로 녹음할 수 있다. 그러나 영상과 소리의 씽크가 잘 맞지 않아서 부자연스러울 수도 있고, 제작하는 데 시간이 많이 소요될 뿐 아니라 번거롭기도 하다.

잠깐!

녹화 시 한 번에 모든 것을 완성하려고 하면 많은 시간이 소요된다. 따라서 F9(잠시 멈춤/다시 시작 기능) 키를 활용한다. 즉, 생각하고 F9을 클릭 후 이야기하고, F9을 클릭하여 잠시 멈춤 후 다시 생각하며 정리하고, F9을 클릭하여 다시 이야기하고를 효율적으로 활용한다면 편집 시간을 대폭 줄일 수 있다.

완벽한 내레이션을 위해 내레이션 시나리오 등을 작성하는 경우 많은 시간이 소요된다. 동영상을 활용한 커뮤니케이션이 차별화된 경쟁력이 되도록 하기 위해서는 생각하며 말하는 연습이 필요하다. 실시간 내레이션이 내실 있도록 하려면 마인드맵을 기준으로 생각하는 연습이 필요하다. www.thinkwise.co.kr 사용을 권장한다.

![잠깐!]

시나리오를 작성하여 모든 것을 완벽하게 마무리하고 시작해야 하는 경우도 있지만 신속하고 정확한 차별화된 커뮤니케이션을 위한 동영상 활용이라는 관점에서 본다면 위와 같은 방법이 체득화되도록 연습이 필요하다. 결코 어려운 연습이 아니다. 그저 매일 한 편 이상의 동영상을 간단하게라도 내레이션을 하면서 만들어 보는 노력이 필요하다.

보통 5분 정도의 동영상을 크게 무리없이 완성하여 유튜브에 업로드하고 공유하는 데 15분 이내에 할 수 있다면 전문가 수준이라고 할 수 있다. 보통은 1시간 이상이 소요되니 내레이션 연습과 F9 키를 잘 활용하기 바란다.

간혹 F9 키를 클릭하려다 F10 키를 클릭하여 저장되는 경우가 있다. 이럴 때는 다시 녹화를 하여 추가 원본 파일을 만들어가면 된다.

녹화 중 실수는 많이 있다. 이럴 때 멈추어 다시 시작하지 말고 편집에서 해결하면 된다는 마음으로 "다시 녹화한다."라고 말하든가 박수를 크게 여러 번 쳐 타임라인에서 그 부분을 음파 모양으로 쉽게 구분할 수 있도록 한다. 타임라인에서 박수를 크게 친 부분은 음파가 높게 표현되어 구분할 수 있다.

연습을 꾸준히 하면 음파를 보고도 쉽게 실수한 부분을 찾아낼 수 있다. 타임라인의 길이를 늘렸다 줄였다 하면서 찾아내는 과정이 숨은 그림을 찾는 듯한 재미도 줄 것이다. 캠타시아 스튜디오에서 얼마든지 편집이 가능하기 때문에 내레이션을 하면서 불필요한 오디오는 모두 정리할 수 있다. 다만 이러한 시간을 줄이는 것이 효율성을 높이는 관건이 된다.

03 각종 저장 파일(Files)

1 파일명.camrec

녹화 캡처 후 만들어지는 파일명으로, 어떠한 편집 효과도 없는 원본 파일이다. 파일 사이즈가 상당히 큰 편이다.

2 파일명.tscproj

'파일명.camrec' 원본 파일에 편집 효과를 준 파일이다. 이 파일명은 단독으로는 활용할 수 없으며, 반드시 '파일명.camrec' 원본 파일이 있어야 한다.

Tip

'파일명.camrec'은 원본 파일이며, 여기에 편집 효과만을 따로 만든 파일이 '파일명.tscproj'

초보자가 실수를 많이 하는 것으로, 완성된 동영상을 저장할 때 '파일명.tscproj'와 최종 출력물만을 저장하게 되면 나중에 일부 수정을 해야 할 때 원본 파일인 '파일명.camrec'이 없어서 불가능하게 된다. '파일명.tscproj' 파일이 없고 '파일명.camrec'만 저장하였을 경우에는 편집 효과만을 따로 저장한 '파일명.tscproj'이 없게 되므로 다시 편집을 해야 하는 번거로움이 발생된다. 따라서 향후에 일부 수정 등 업데이트가 필요한 경우라면 '파일명.camrec' 파일과 '파일명.tscproj' 파일을 같이 보관해야 한다.

04 스튜디오 메뉴(Studio menu)

1 File

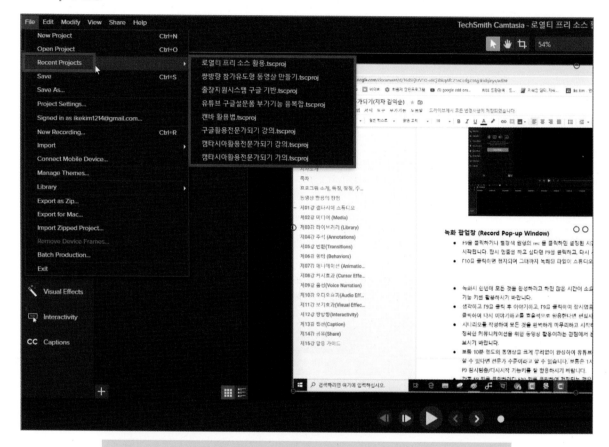

→ New Project : 새로운 파일명으로, 편집 효과를 저장할 때 사용한다.
→ Open Project : 기존에 저장한 편집 효과를 저장한 파일을 오픈할 때 사용한다.
→ Recent Projects : 최근에 사용한 편집 효과를 저장한 파일들을 오픈할 때 사용한다.

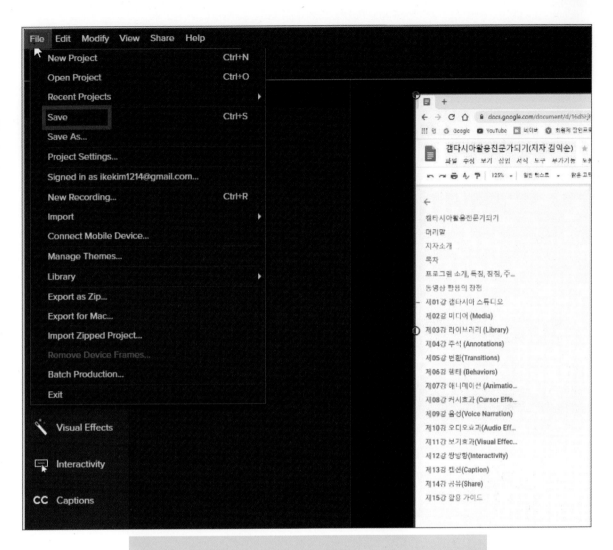

➜ Save : '파일명.tscproj'을 저장할 때 사용한다.

➜ Save As... : 기존 '파일명.tscproj'을 다른 이름으로 저장할 때 사용한다.

➜ New Recording... : 새로운 녹화 시 사용한다.

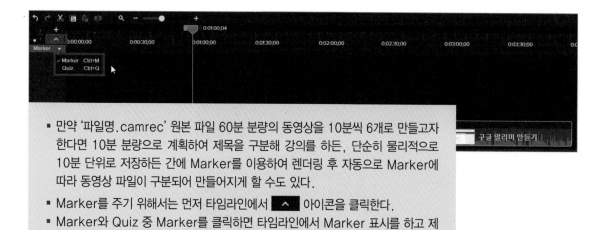

- 만약 '파일명.camrec' 원본 파일 60분 분량의 동영상을 10분씩 6개로 만들고자 한다면 10분 분량으로 계획하여 제목을 구분해 강의를 하든, 단순히 물리적으로 10분 단위로 저장하든 간에 Marker를 이용하여 렌더링 후 자동으로 Marker에 따라 동영상 파일이 구분되어 만들어지게 할 수도 있다.

- Marker를 주기 위해서는 먼저 타임라인에서 ⌃ 아이콘을 클릭한다.

- Marker와 Quiz 중 Marker를 클릭하면 타임라인에서 Marker 표시를 하고 제목을 등록할 수 있다.

- Quiz를 만들기 위해서는 Quiz를 선택하여 원하는 위치에 Quiz를 만들 수 있다.

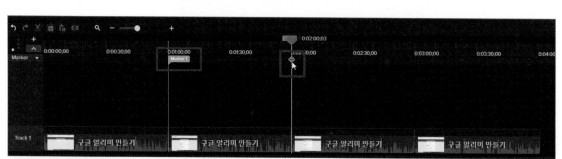

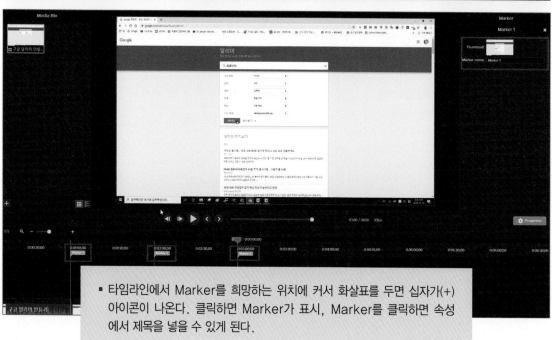

- 타임라인에서 Marker를 희망하는 위치에 커서 화살표를 두면 십자가(+) 아이콘이 나온다. 클릭하면 Marker가 표시, Marker를 클릭하면 속성에서 제목을 넣을 수 있게 된다.

1-1 Import

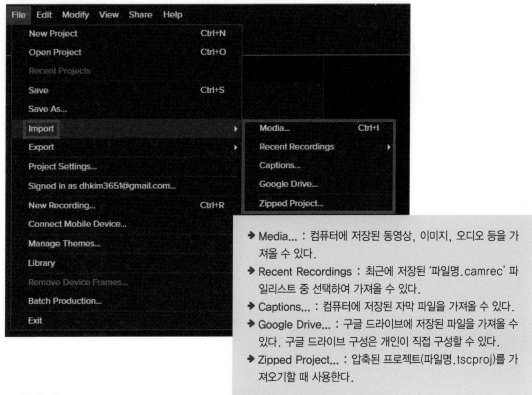

➔ Media... : 컴퓨터에 저장된 동영상, 이미지, 오디오 등을 가져올 수 있다.
➔ Recent Recordings : 최근에 저장된 '파일명.camrec' 파일리스트 중 선택하여 가져올 수 있다.
➔ Captions... : 컴퓨터에 저장된 자막 파일을 가져올 수 있다.
➔ Google Drive... : 구글 드라이브에 저장된 파일을 가져올 수 있다. 구글 드라이브 구성은 개인이 직접 구성할 수 있다.
➔ Zipped Project... : 압축된 프로젝트(파일명.tscproj)를 가져오기할 때 사용한다.

1-2 Export

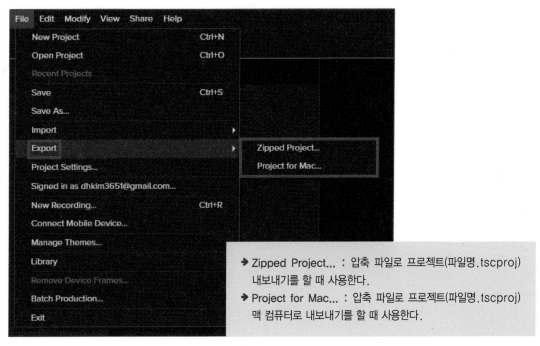

➔ Zipped Project... : 압축 파일로 프로젝트(파일명.tscproj) 내보내기를 할 때 사용한다.
➔ Project for Mac... : 압축 파일로 프로젝트(파일명.tscproj) 맥 컴퓨터로 내보내기를 할 때 사용한다.

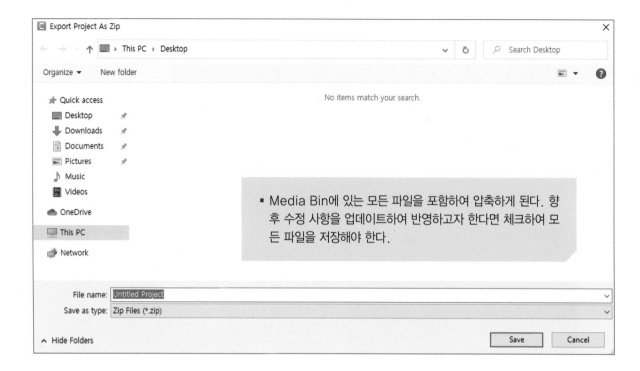

- Media Bin에 있는 모든 파일을 포함하여 압축하게 된다. 향후 수정 사항을 업데이트하여 반영하고자 한다면 체크하여 모든 파일을 저장해야 한다.

1-3 Project Settings…

해상도, 사이즈, 색상, 프레임수 등을 설정할 수 있다. Canvas 크기는 1080으로 맞추면 유튜브 및 기타 활용이 무난하다.

1-4 Connect Mobile Device...

휴대폰에 있는 콘텐츠를 캠타시아로 바로 보낼 수 있다.

❶ 테크스미스(Techsmith)에서 제공하는 앱을 설치한다.
❷ 컴퓨터와 휴대폰을 같은 네트워크에서 연결한다.
❸ 휴대폰에 설치된 앱을 활용하여 휴대폰에 콘텐츠를 선택한다.
❹ Tab을 하면 컴퓨터에 설치된 캠타시아와 공유할 수 있다.
(저자직강) 자세한 내용은 동영상 설명)

1-5 Manage Themes...

색상, 폰트, 로고 등의 속성에 따라 사전 설정하여 필요시 활용할 수 있다.

1-6 Library

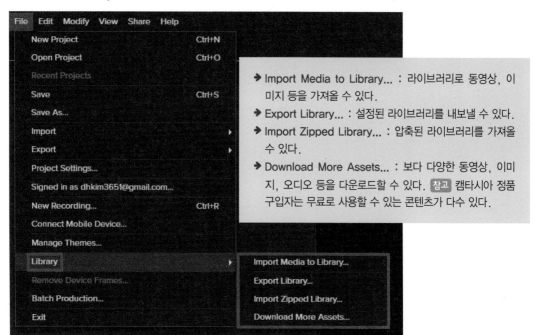

> → Import Media to Library... : 라이브러리로 동영상, 이미지 등을 가져올 수 있다.
> → Export Library... : 설정된 라이브러리를 내보낼 수 있다.
> → Import Zipped Library... : 압축된 라이브러리를 가져올 수 있다.
> → Download More Assets... : 보다 다양한 동영상, 이미지, 오디오 등을 다운로드할 수 있다. 참고 캠타시아 정품 구입자는 무료로 사용할 수 있는 콘텐츠가 다수 있다.

- "Download More Assets..." 클릭 시 아래 이미지의 사이트로 연결된다. 동영상, 이미지, 오디오 등을 다운로드하여 캠타시아 스튜디오에서 편집하여 사용할 수 있다.

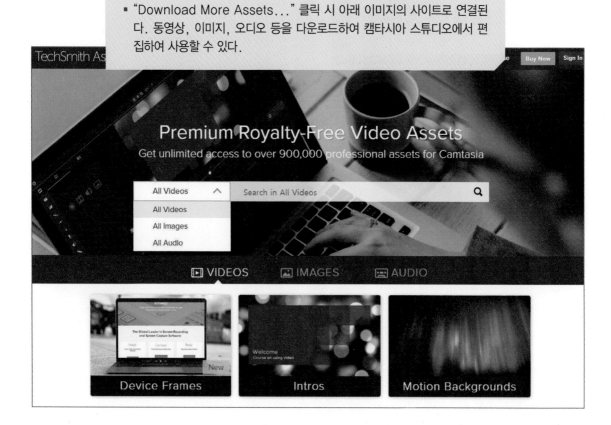

CUSTOMIZABLE의 경우

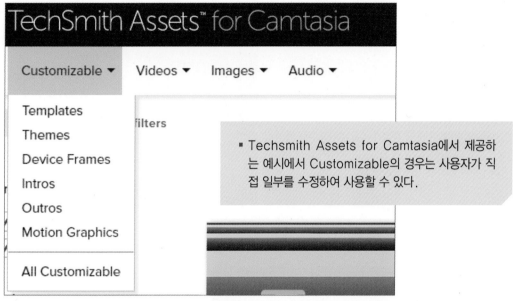

- Techsmith Assets for Camtasia에서 제공하는 예시에서 Customizable의 경우는 사용자가 직접 일부를 수정하여 사용할 수 있다.

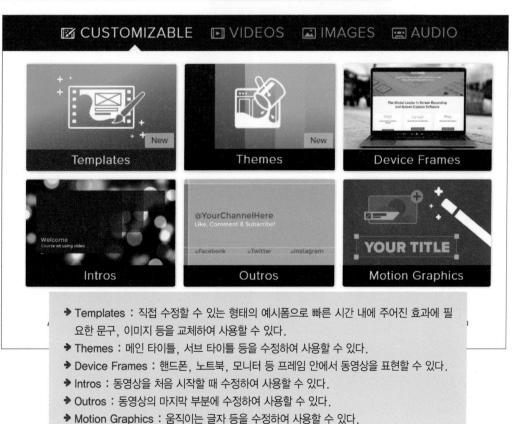

- Templates : 직접 수정할 수 있는 형태의 예시품으로 빠른 시간 내에 주어진 효과에 필요한 문구, 이미지 등을 교체하여 사용할 수 있다.
- Themes : 메인 타이틀, 서브 타이틀 등을 수정하여 사용할 수 있다.
- Device Frames : 핸드폰, 노트북, 모니터 등 프레임 안에서 동영상을 표현할 수 있다.
- Intros : 동영상을 처음 시작할 때 수정하여 사용할 수 있다.
- Outros : 동영상의 마지막 부분에 수정하여 사용할 수 있다.
- Motion Graphics : 움직이는 글자 등을 수정하여 사용할 수 있다.

Templates 화면 보기

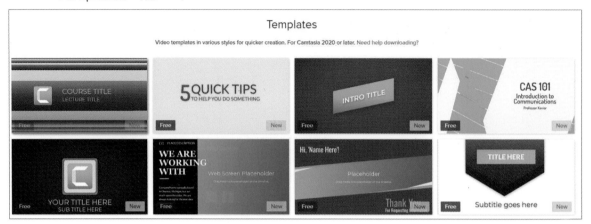

Themes 화면 보기

Device Frames 화면 보기

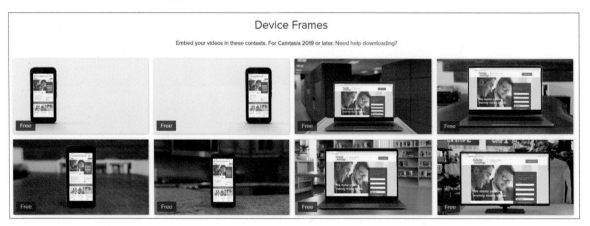

Intros 화면 보기

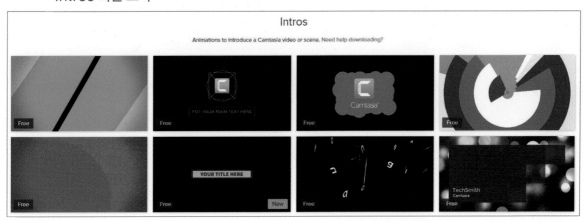

Outros 화면 보기

Motion Graphics 화면 보기

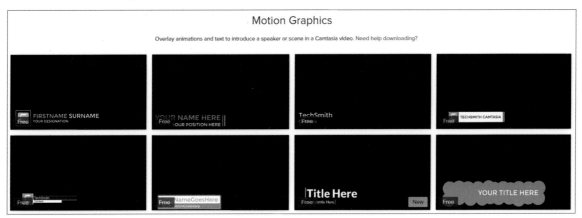

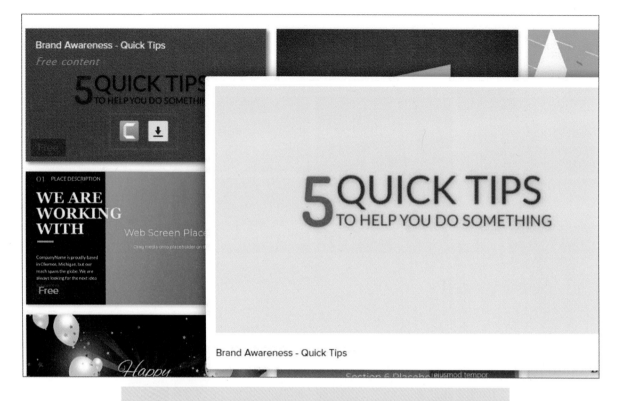

- 사용하고자 하는 예시가 있다면 이미지와 같은 방식으로 활용할 수 있다. 이때 ⊑ 아이콘을 클릭할 경우 오픈되어 있는 캠타시아로 해당 예시가 이동되며, 즉시 사용할 수 있다. 단, 캠타시아 프로그램 정품 사용자이어야 한다.
- ⬇ 아이콘을 클릭할 경우 사용하고 있는 컴퓨터에 저장되므로 저장 위치를 기억하고 있어야 한다.
- 저장된 예시를 캠타시아에서 오픈하여 활용할 수 있다.

비디오의 경우

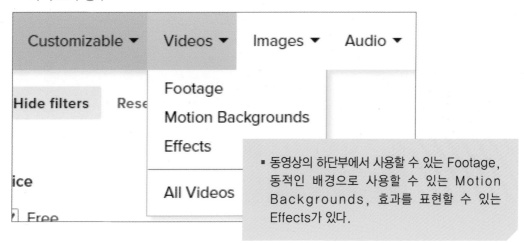

> ▪ 동영상의 하단부에서 사용할 수 있는 Footage, 동적인 배경으로 사용할 수 있는 Motion Backgrounds, 효과를 표현할 수 있는 Effects가 있다.

Footage 화면 보기

Motion Backgrounds 화면 보기

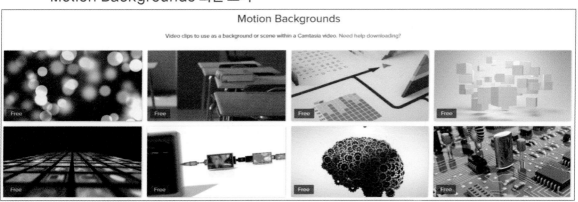

Effects 화면 보기

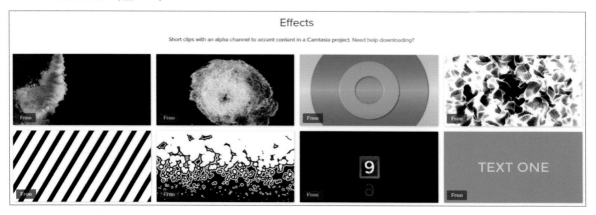

이미지의 경우

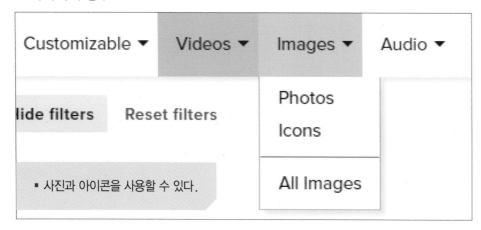

Photos 화면 보기

Icons 화면 보기

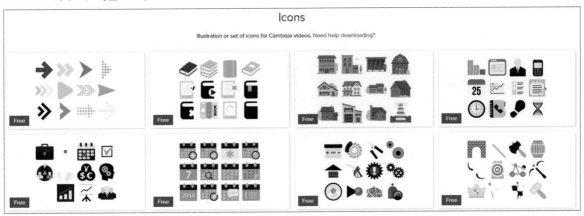

오디오의 경우

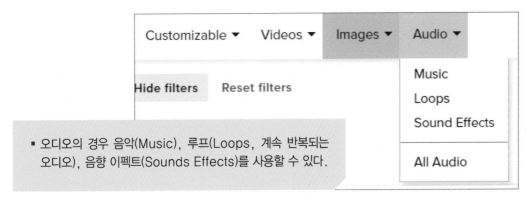

- 오디오의 경우 음악(Music), 루프(Loops, 계속 반복되는 오디오), 음향 이펙트(Sounds Effects)를 사용할 수 있다.

- Music, Loops, Sounds Effects는 이미지와 같은 형식으로 표현되며, 마우스를 놓을 경우 오디오를 직접 듣고 활용 여부를 결정할 수 있다.

2 Edit

| File | Edit | Modify | View | Share | Help |

Undo	Ctrl+Z
Redo	Ctrl+Y
Cut	Ctrl+X
Copy	Ctrl+C
Paste	Ctrl+V
Delete	Delete
Ripple Delete	Ctrl+Backspace
Split Selected	S
Split All	Ctrl+Shift+S
Stitch Selected Media	Ctrl+Alt+I
Separate Audio and Video	
Group	Ctrl+G
Ungroup	Ctrl+U
Select	
Deselect All	Ctrl+D
Arrange	
Copy Effects	
Paste Effects	
Copy Properties	
Paste Properties	
Jump To	
Add to Library	Ctrl+Shift+A
Preferences...	Ctrl+,

➜ Undo : '실행 취소' 또는 '작업 취소'할 때 사용한다.(윈도즈에서는 대부분 'Ctrl+Z')
➜ Redo : Undo를 취소하고자 할 때 사용한다.
➜ Cut : 잘라내기할 때 사용한다.
➜ Copy : 복사하기할 때 사용한다.
➜ Paste : 잘라내기 또는 복사하기한 것을 붙일 때 사용한다.
➜ Delete : 선택된 것을 삭제할 때 사용한다. 선택 영역 뒷부분에 변화가 없이 그대로 있다.
➜ Ripple Delete : Delete와 다른 점은 선택 영역 뒷부분이 앞으로 당겨져서 갭을 메운다.
➜ Ungroup : 그룹화된 자료를 해제할 때 사용한다.
➜ Select : 콘텐츠를 선택할 때 사용한다.
➜ Deselect All : 선택한 콘텐츠를 모두 해제할 때 사용한다.
➜ Arrange : 타임라인에서 트랙의 순서를 정렬할 때 사용한다.
➜ Copy Effects : 편집 효과를 복사할 때 사용한다.
➜ Paste Effects : 복사한 편집 효과를 적용할 때 사용한다.
➜ Copy Properties : 속성을 복사할 때 사용한다.
➜ Paste Properties : 복사한 속성을 적용할 때 사용한다.
➜ Add to Library : 라이브러리에 저장하여 편집 효과를 다른 편집에도 사용할 수 있게 한다.

2-1 Ripple Split

모든 트랙에서 미디어를 분할하고 동시에 이동하려면 Shift 키를 누른 상태에서 플레이헤드를 Drag하며, 이것을 '리플 스플릿(Ripple Split)'이라고 한다. 비디오 중간에 일부 내용을 추가해야 하거나 인트로의 여지를 남겨 두는 것을 잊은 경우에 사용한다.

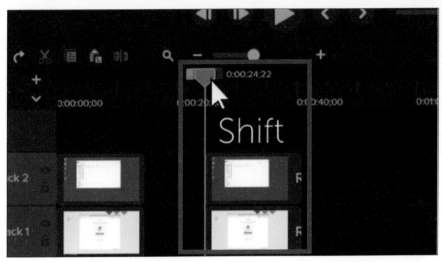

2-2 Ripple Move

편집하는 동안 트랙의 모든 클립을 한 번에 이동시켜야 할 때가 있다. 이를 위한 빠른 방법은 Ripple Move를 이용하는 것이다. Shift를 누른 다음 시간 표시 막대에서 클립을 클릭하고 Drag하여 이동하면 된다. 여러 트랙에서 이동 매체를 Ripple Move 하려면 각 트랙에서 클립을 선택한 다음 Shift 키를 누른 상태에서 동시에 Drag한다.

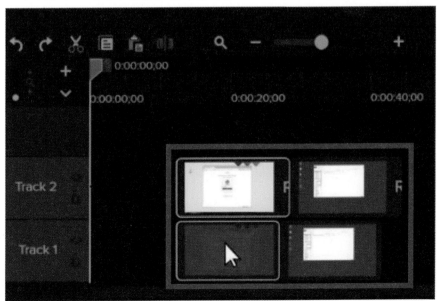

2-3 Split Selected

선택한 동영상을 나눌 때 사용한다. 아래의 이미지에서 위쪽 노란색으로 된 부분만 나누어진다. 즉, 타임라인의 같은 시간대에 있더라도 선택한 것만 나누어 준다. 만약 아래의 콘텐츠를 나누고 싶다면 선택 후 단축키 S 또는 Split Selected 메뉴를 사용한다.

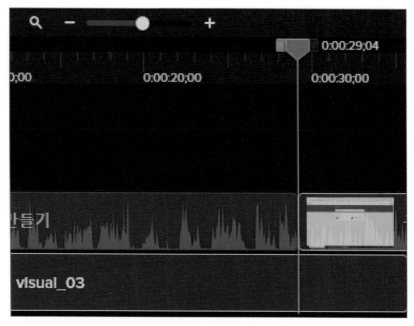

2-4 Split All

모든 자료를 나누어 줄 때 사용한다. 즉, 타임라인의 같은 시간대에 있는 모든 콘텐츠가 나누어져 있다.

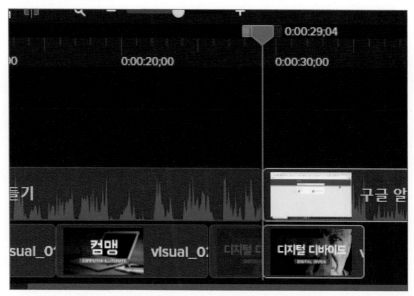

2-5 Stitch Selected Media

Split된 콘텐츠를 선택하여 이어 붙이기를 할 수 있다. 이어서 붙인 흔적을 보여 준다.

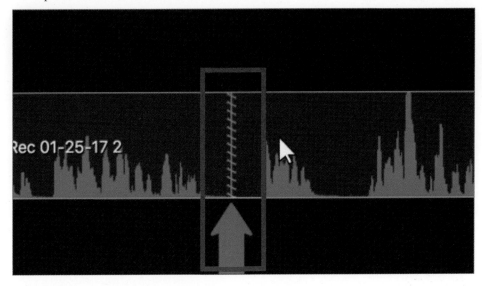

2-6 Separate Audio and Video

비디오와 오디오를 분리하여 각각 편집할 수 있다.

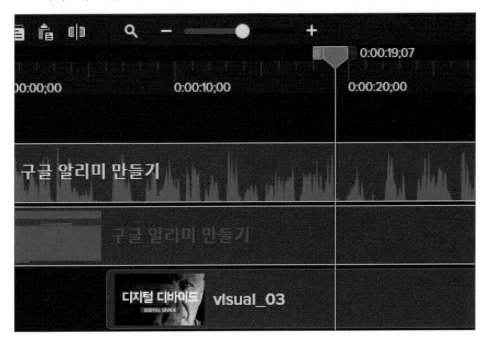

2-7 Group

콘텐츠를 하나로 묶을 때 사용한다.

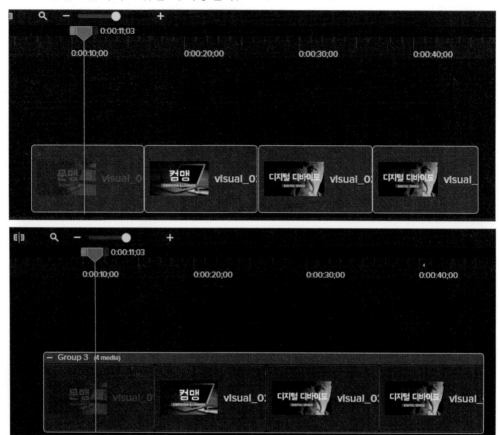

2-8 Jump To

시작, 끝, 미디어(전/후), 애니메이션(전/후), 마커(전/후), 퀴즈(전/후)

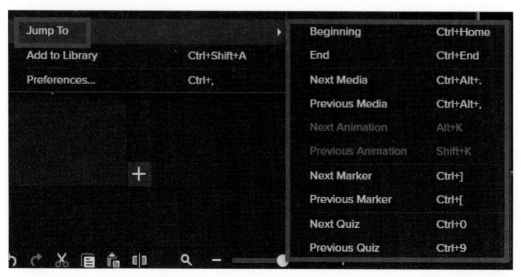

3 Modify

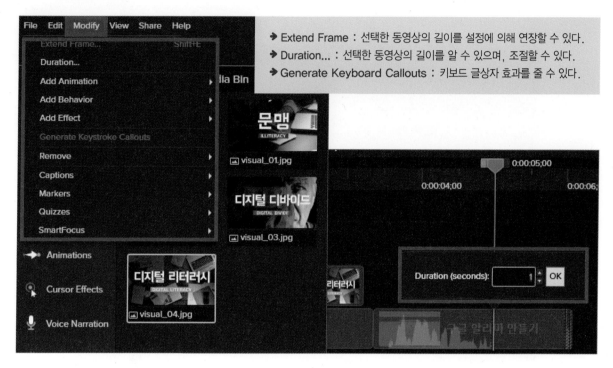

→ Extend Frame : 선택한 동영상의 길이를 설정에 의해 연장할 수 있다.
→ Duration... : 선택한 동영상의 길이를 알 수 있으며, 조절할 수 있다.
→ Generate Keyboard Callouts : 키보드 글상자 효과를 줄 수 있다.

3-1 Add Animation

다양한 애니메이션을 선택하여 효과를 줄 수 있다. (**저자직강**「애니메이션 기능은 동영상 설명)

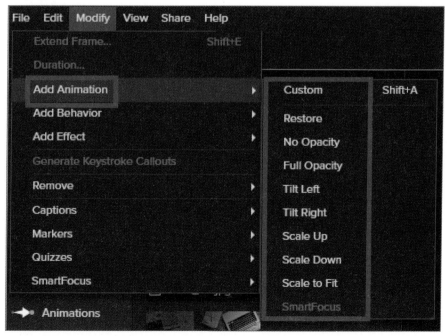

3-2 Add Behavior

다양한 동작을 선택하여 효과를 줄 수 있다. (저자직강 동영상에서 상세하게 설명)

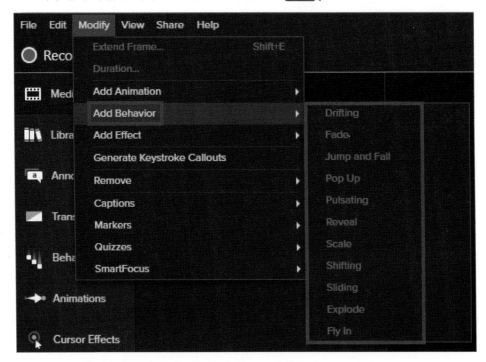

3-3 Add Effect

비주얼, 오디오, 커서 이펙트를 줄 수 있다. (저자직강 동영상에서 상세하게 설명)

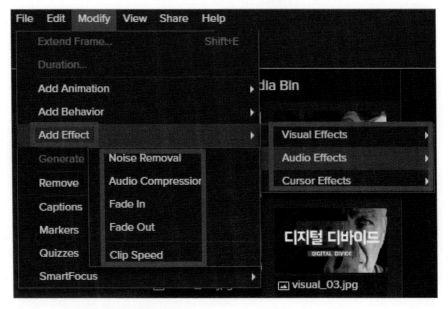

3-4 Remove

애니메이션, 오디오 포인트/효과, 트랜지션, 비주얼, 오디오, 커서, 동영상 속도 등
다양한 효과를 제거할 수 있다.

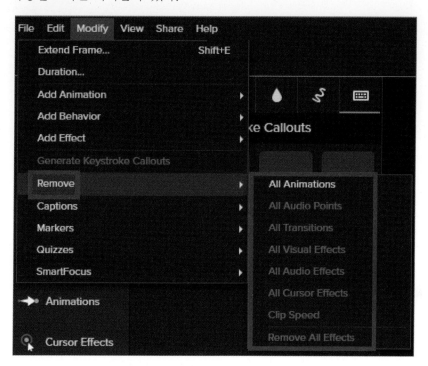

3-5 Captions

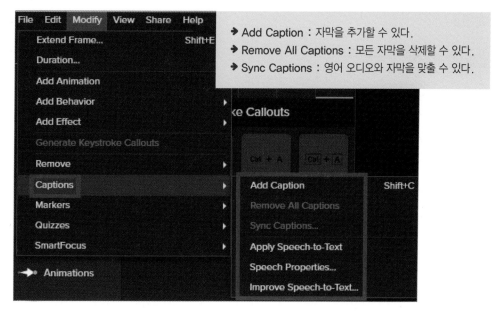

➔ Add Caption : 자막을 추가할 수 있다.
➔ Remove All Captions : 모든 자막을 삭제할 수 있다.
➔ Sync Captions : 영어 오디오와 자막을 맞출 수 있다.

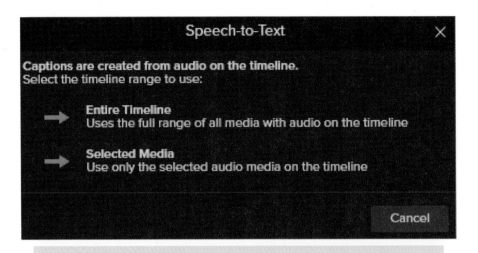

- 'Apply Speech-to-Text'는 사람의 말소리를 글자로 변환하여 준다.
  - Entire Timeline : 타임라인에서 모든 콘텐츠의 오디오에 적용한다.
  - Selected Media : 타임라인에서 선택한 콘텐츠의 오디오에만 적용한다.

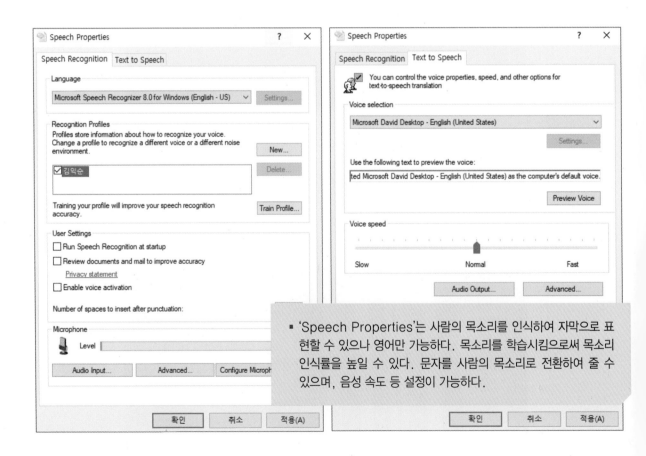

- 'Speech Properties'는 사람의 목소리를 인식하여 자막으로 표현할 수 있으나 영어만 가능하다. 목소리를 학습시킴으로써 목소리 인식률을 높일 수 있다. 문자를 사람의 목소리로 전환하여 줄 수 있으며, 음성 속도 등 설정이 가능하다.

3-6 Markers

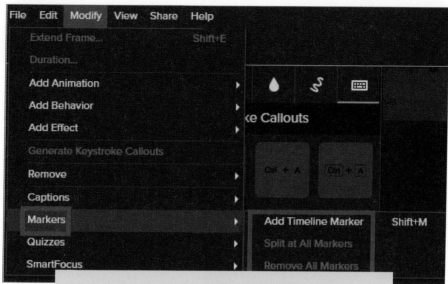

➜ Add Timeline Marker : 동영상에 복수의 마커를 추가한다.
➜ Split at All Markers : 동영상을 모든 마커의 위치에 따라 나눈다.
➜ Remove All Markers : 동영상의 모든 마커를 삭제한다.

3-7 Quizzes

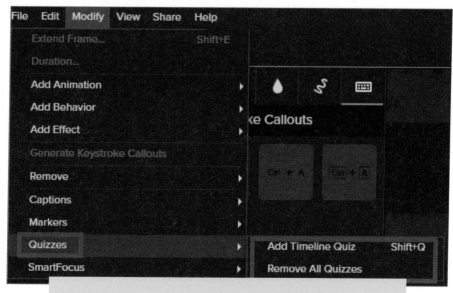

➜ Add Timeline Quiz : 타임라인의 동영상에 퀴즈를 추가할 수 있다.
　(저자직강)상세한 추가 방법은 동영상 설명)
➜ Remove All Quizzes : 타임라인의 동영상에 있는 모든 퀴즈를 삭제한다.

4 View

→ Hide Tools : 동영상의 메뉴 툴을 숨기게
한다.
→ Show/Hide Properties : 속성을 보이
게, 또는 보이지 않게 설정할 수 있다.
→ Show/Hide Marker Track : 마커를 보
이게, 또는 보이지 않게 설정할 수 있다.
→ Show/Hide Quiz Track : 퀴즈를 보이
게, 또는 보이지 않게 설정할 수 있다.

4-1 Tools

캠타시아에서 사용 가능한 툴을 선택할 수 있다.(**저자직강** 툴별 사용은 동영상 설명)

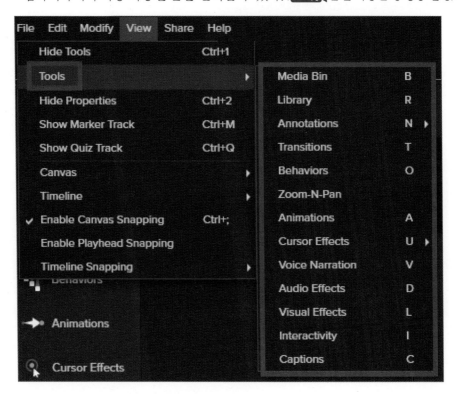

4-2 Canvas

확대, 축소, 꽉 채우게 확대, 100% 확대, 캔버스 분리 등을 설정할 수 있다.

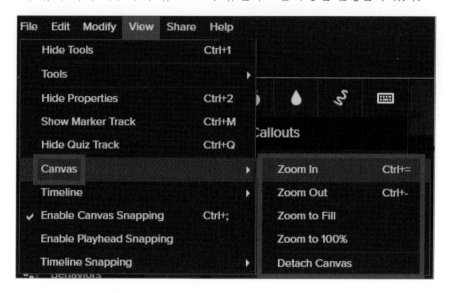

4-3 Timeline

타임라인 자체를 확대하여 동영상 편집을 용이하게 하거나 축소하여 개괄적인 내용을 살펴볼 수 있다. 최대한 확대하거나 트랙의 높이를 늘릴 수도 있다.

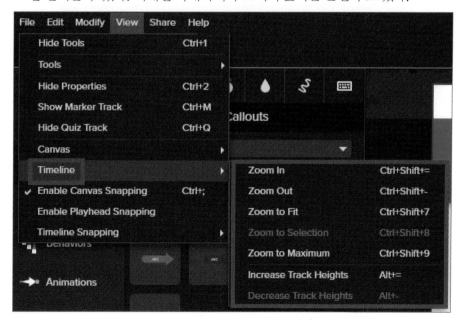

5 Share

5-1 Local File…

동영상을 생성할 때 컴퓨터에 저장하는 파일 선택이다.

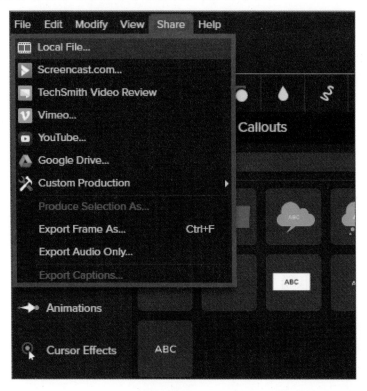

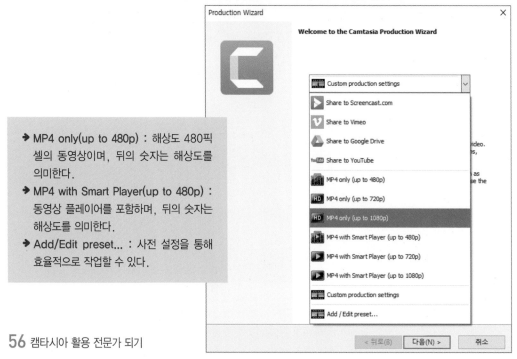

➤ MP4 only(up to 480p) : 해상도 480픽
셀의 동영상이며, 뒤의 숫자는 해상도를
의미한다.
➤ MP4 with Smart Player(up to 480p) :
동영상 플레이어를 포함하며, 뒤의 숫자는
해상도를 의미한다.
➤ Add/Edit preset… : 사전 설정을 통해
효율적으로 작업할 수 있다.

Production Preset Wizard   ✕

Create a Production Preset
Set the Production Preset name, description, and output format using the boxes
below.

Preset name: Untitled Preset

Description:

File format
- ⦿ MP4 - Smart Player (HTML5)
- ○ WMV - Windows Media video
- ○ AVI - Audio Video Interleave video file
- ○ GIF - animation file
- ○ M4A - audio only

> ➔ Preset name : 사전 설정 시 이름을 지정할 수 있다.
> ➔ File format : 희망하는 파일 포맷을 지정할 수 있다.
> (저자직강)(자세한 내용은 동영상 설명)

Description
MP4 is the recommended format for online viewing. This format is
compatible on multiple browsers including Windows, Mac, and Linux. MP4
delivers high quality video at a small file size.

Choose Icon...

< 뒤로(B)   다음(N) >   취소

① Share to screencast.com

동영상을 활용하여 공유하기 위해서는 별도의 서버 구축 및 서버를 구동하기 위한 각종
라이센스 등 엄청난 비용이 소요된다. 하지만 유튜브 등을 활용한다면 무료로 동영상을
업로드 및 공유할 수 있다. 그런데 쌍방향 동영상, 즉 퀴즈 등을 동영상에서 출제하여 시
청자의 보다 적극적인 참여를 유도하기 위해서는 별도의 운영 서버가 있어야 한다. 이러
한 비용을 최소화하여 합리적으로 제공하기 위해 캠타시아 등 다양한 프로그램을 개발
하는 테크스미스에서는 'screencast.com'이라는 서비스를 제공하고 있다.

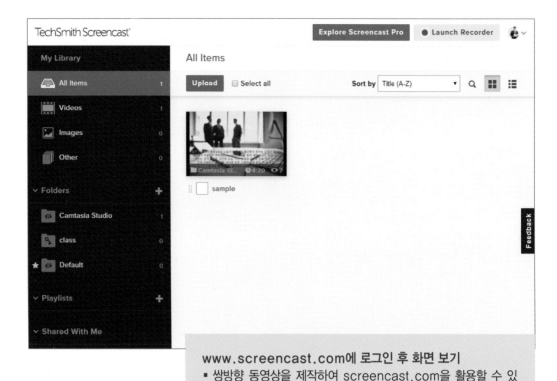

www.screencast.com에 로그인 후 화면 보기
- 쌍방향 동영상을 제작하여 screencast.com을 활용할 수 있다. 이미지를 보면 '쌍방향 동영상'으로 제작한 동영상이 표시되어 있다. (**저자직강**|screencast.com 활용법은 저자의 동영상 채널을 참고)

② Share to Vimeo

유튜브와 유사하지만 유료 서비스를 기반으로 하는 플랫폼이다. 자체적으로 동영상을 구축하는 비용 대비 저렴한 비용으로 동영상 서비스를 활용할 수 있다.

유튜브의 경우 완전 공개, 링크 접속에 의한 공개, 공유 설정에 의한 특정인 공개 등이 있으나 특정인 공개의 경우도 인원수 제한이 있다. 따라서 완벽한 개인형 동영상 서비스를 하기에는 다소 한계가 있다. 따라서 오픈형 1인 미디어를 지향하는 경우에는 유튜브가 최적이지만 폐쇄형 혹은 커스터마이징된 동영상 서비스를 희망한다면 비메오를 사용할 수 있다. (**저자직강**|비메오의 다양한 설정 등 활용법은 동영상 설명)

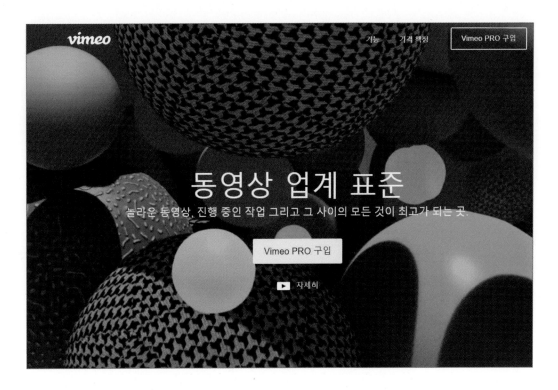

③ Share to Google Drive

유튜브와 비메오의 장점을 살릴 수 있는 점은 있으나 구글 드라이브의 경우 동영상 서비스를 위해 특화된 것은 아니다. 따라서 인터페이스 등 여러 면에서 동영상 전문 서비스 플랫폼으로는 한계가 있으며, 보관 및 공유 설정에 의한 내부용으로 사용하기에는 적당하다.

> **Tip**
>
> 저자의 『구글 활용 전문가 되기』 도서를 통해 구글 활용을 위한 전반적인 기능을 익혀 보기 바란다. 구글은 가장 기본이 되는 역량이다. 이를 기반으로 다양한 플랫폼 및 모바일 앱을 활용하여 초연결 협업시대에 걸맞는 창의적인 활동을 리딩할 수 있게 된다.

④ Share to YouTube

유튜브 계정을 가지고 있다면 캠타시아 스튜디오에서 편집 생성된 동영상을 즉시 업로드할 수 있다. 렌더링 완료 후 다시 업로드하는 시간을 절감할 수 있다.

05 타임라인(Timeline)

타임라인은 동영상 제작을 위한 모든 미디어(동영상, 이미지, 오디오)의 순서를 보여 주는 공간이다. 미디어를 추가하고자 한다면 Media bin 혹은 Library에 담긴 동영상, 이미지, 오디오를 타임라인으로 가져오면 된다.

1 Add a track

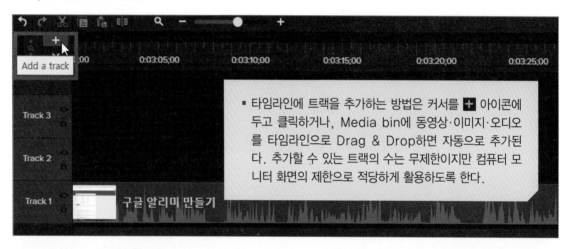

- 타임라인에 트랙을 추가하는 방법은 커서를 ➕ 아이콘에 두고 클릭하거나, Media bin에 동영상·이미지·오디오를 타임라인으로 Drag & Drop하면 자동으로 추가된다. 추가할 수 있는 트랙의 수는 무제한이지만 컴퓨터 모니터 화면의 제한으로 적당하게 활용하도록 한다.

- 타임라인에 복수의 트랙으로 한 화면에 보이지 않을 경우에는 Scroll Bar를 사용하도록 한다. 커서를 두고 클릭한 후 왼쪽, 오른쪽으로 움직일 수 있다.

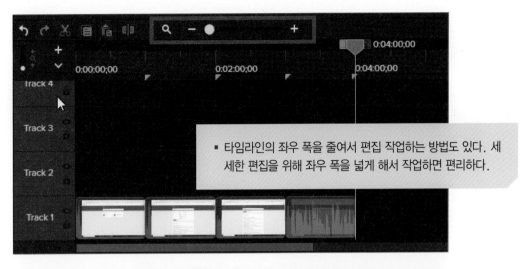

■ 타임라인의 좌우 폭을 줄여서 편집 작업하는 방법도 있다. 세세한 편집을 위해 좌우 폭을 넓게 해서 작업하면 편리하다.

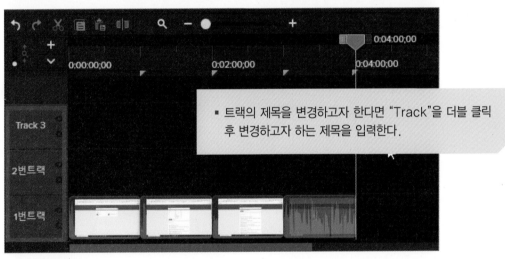

■ 트랙의 제목을 변경하고자 한다면 "Track"을 더블 클릭 후 변경하고자 하는 제목을 입력한다.

■ 트랙과 트랙 사이에 커서를 놓으면 위아래 화살표 모양이 되며 높낮이를 변경할 수 있다.

- 커서를 ◯에 놓고 조정하면 모든 트랙의 높낮이
  를 변경할 수 있다.

- 🔒을 클릭하면 타임트랙이 잠기며, 다시 클릭하면 풀어진다. 잠겼을
  때는 열쇠 모양이 흰색으로 변하고, 풀렸을 때는 잘 보이지 않다가 커서
  를 대면 🔒이 흰색으로 변하면서 보인다. 타임트랙이 잠겨 있을 때는
  잘라내기, 복사하기, 붙이기 등 어떠한 수정도 할 수가 없다.

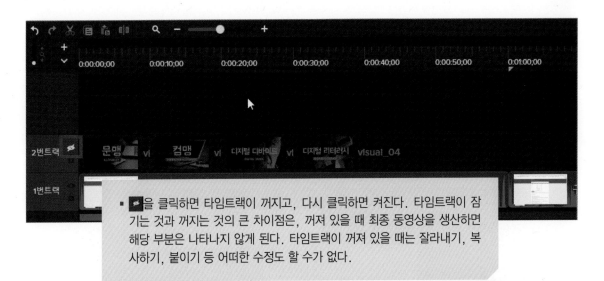

■ ▣을 클릭하면 타임트랙이 꺼지고, 다시 클릭하면 켜진다. 타임트랙이 잠기는 것과 꺼지는 것의 큰 차이점은, 꺼져 있을 때 최종 동영상을 생산하면 해당 부분은 나타나지 않게 된다. 타임트랙이 꺼져 있을 때는 잘라내기, 복사하기, 붙이기 등 어떠한 수정도 할 수가 없다.

■ 트랙 이름에 커서를 두고 마우스 우클릭하면 팝업 메뉴가 나온다.

➜ Insert Track : 타임라인에 트랙을 추가한다. Above(위에 추가), Below(아래에 추가)
➜ Remove Track : 타임라인의 트랙을 삭제한다.
➜ Remove All Empty Tracks : 타임라인에서 사용하지 않는 모든 트랙을 삭제한다.
➜ Rename Track : 트랙의 이름을 변경한다.
➜ Select All Media on Track : 해당 트랙에 있는 모든 미디어를 선택한다.
➜ Turn Track Off : 트랙을 끌 때 사용한다.
➜ Lock Track : 트랙을 잠글 때 사용한다.
➜ Maximize Track : 트랙을 최대 높이로 변경한다.
➜ Minimize Track : 트랙을 최소 높이로 변경한다.

2 속성 패널

캔버스에서 보이는 미디어에 정교한 효과 및 스타일을 줄 수 있다. (**저자직강** 속성별 자세한 기능은 본 도서 및 동영상을 참고)

➔ Visual properties : 비주얼 속성
➔ Text properties : 문자 속성
➔ Annotation properties : 주석 속성

06 단축키(Shorts)

기본 설정된 단축키가 있으나 그대로 외우기보다는 자신이 선호하는 단축키로 설정해 놓으면 빠른 작업이 가능하게 된다. 단축키를 설정하는 화면은 'Edit 〉 Preferences'에서 설정할 수 있다. 주로 사용하는 패널을 선택하여 단축키를 설정한다.

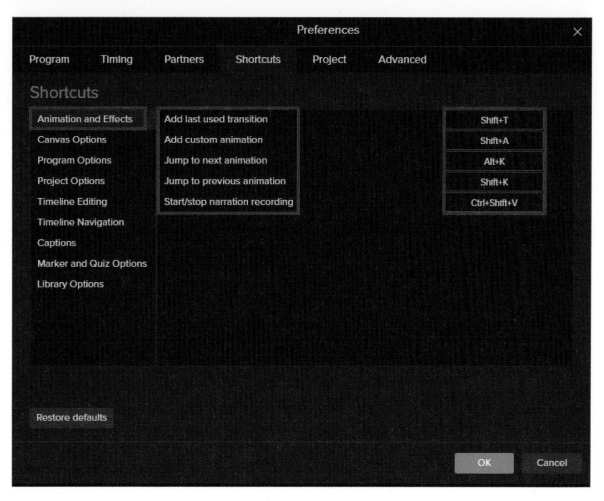

Chapter 02

캠타시아 미디어
Camtasia Media

- 캠타시아 스튜디오에서 동영상을 편집하기 위한 다양한 소스를 저장하여 활용할 수 있다.
- 사용하고 있는 컴퓨터 혹은 구글 계정과 연동하여 미디어 편집에 필요한 소스를 불러올 수 있다.

01 미디어(Media)

캠타시아 Record 메뉴에서 녹화된 파일의 편집을 위한 준비 공간이다.

1 Import Media 또는 Import From Google Drive

Import Media 또는 Import From Google Drive(구글 드라이브에서 가져오기)에서 동영상, 이미지, 오디오 등 다양한 콘텐츠를 가져올 수 있다. 'Import From Google Drive'를 선택할 경우 구글 계정에 로그인해야 한다. 구글 계정은 복수로 만들 수 있으므로 여러 개의 구글 계정이 나오면 희망하는 계정을 선택한다.

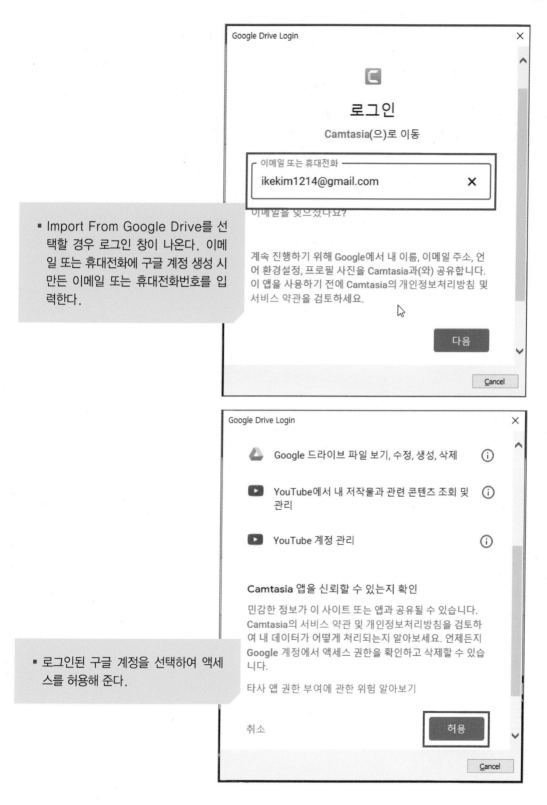

▪ Import From Google Drive를 선택할 경우 로그인 창이 나온다. 이메일 또는 휴대전화에 구글 계정 생성 시 만든 이메일 또는 휴대전화번호를 입력한다.

▪ 로그인된 구글 계정을 선택하여 액세스를 허용해 준다.

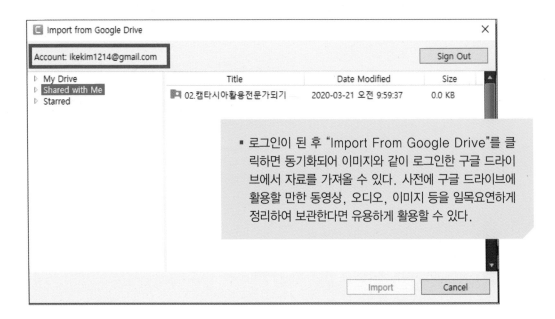

> ▪ 로그인이 된 후 "Import From Google Drive"를 클릭하면 동기화되어 이미지와 같이 로그인한 구글 드라이브에서 자료를 가져올 수 있다. 사전에 구글 드라이브에 활용할 만한 동영상, 오디오, 이미지 등을 일목요연하게 정리하여 보관한다면 유용하게 활용할 수 있다.

2 Media Bin

Media Bin에 보관된 파일을 타임라인으로 드래그하여 놓으면 편집 대기 상태가 된다. Media Bin에 동영상, 이미지, 오디오 등 다양한 콘텐츠를 가져와서 활용할 수 있다. 다양한 콘텐츠를 배치하고 캠타시아의 편집 효과를 조합하여 동영상을 제작하게 된다. 어떻게 조합하느냐에 따라 다양한 결과물을 도출할 수 있다.

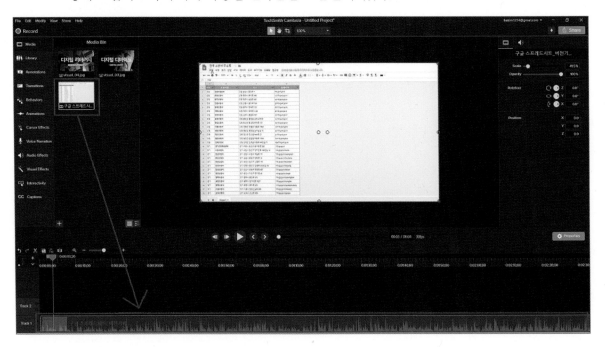

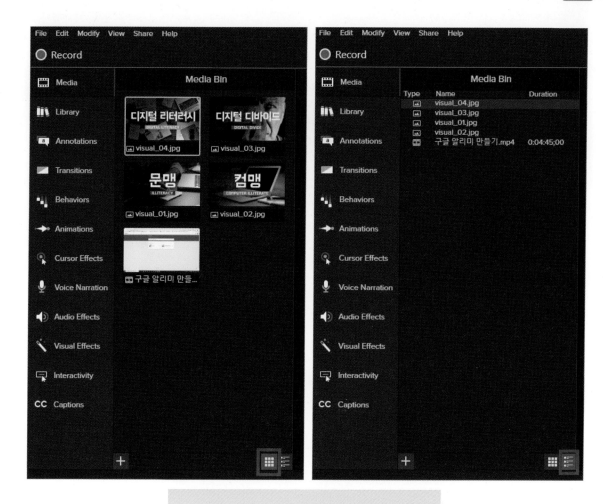

잠깐!

캠타시아를 활용하는 목적은 상업영화를 만드는 것이 아니며, 동영상으로 신속하고 명확하게 의사를 전달하는 데 있다고 생각한다. 따라서 지나치게 멋진 편집 효과에 집중하기보다는 효율적으로 커뮤니케이션할 수 있는 방법을 창의적인 생각과 노력으로 집중하는 것이 필요하다.

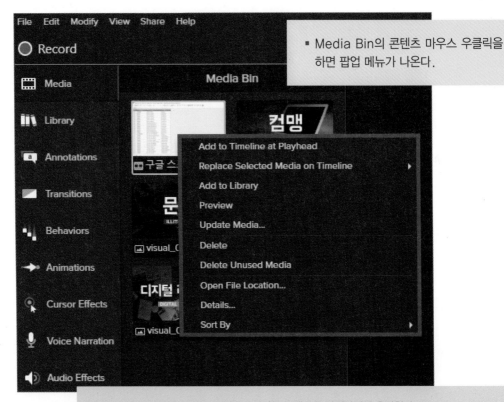

- Media Bin의 콘텐츠 마우스 우클릭을 하면 팝업 메뉴가 나온다.

➜ Add to Timeline at Playhead : 선택한 콘텐츠를 타임라인에 추가한다.
➜ Replace Selected Media on Timeline : 타임라인에서 선택한 콘텐츠를 대체한다.
➜ Add to Library : 선택한 콘텐츠를 라이브러리에 보관하여 언제든 활용할 수 있도록 저장한다.
➜ Preview : 이미지는 정지된 화면으로, 동영상은 미리보기할 수 있는 기능이다.
➜ Update Media... : 선택한 콘텐츠를 변경할 수 있도록 파일 선택 화면이 나온다.
➜ Delete : 선택한 콘텐츠를 삭제한다.
➜ Delete Unused Media : 복수의 동영상, 이미지, 오디오 등 다양한 콘텐츠 중 사용하지 않은 콘텐츠를 일괄 삭제할 수 있다.

➥ Open File Location... : 파일이 위치한 폴더를 보여 준다.

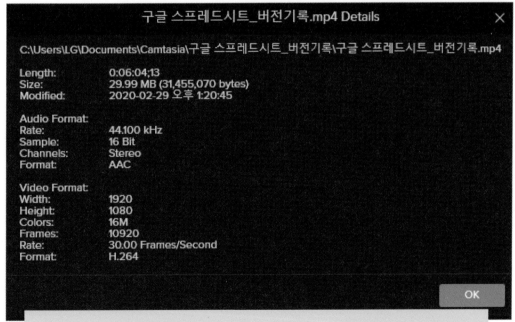

➥ Details... : 선택한 콘텐츠에 대한 길이, 사이즈, 오디오/비디오 포맷 등 상세한 정보를 볼 수 있다.

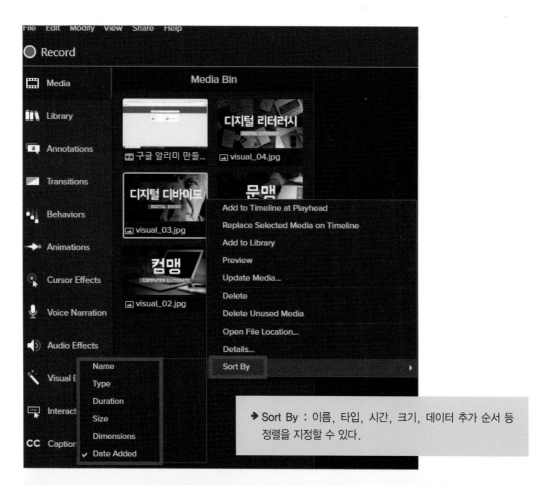

➔ Sort By : 이름, 타입, 시간, 크기, 데이터 추가 순서 등 정렬을 지정할 수 있다.

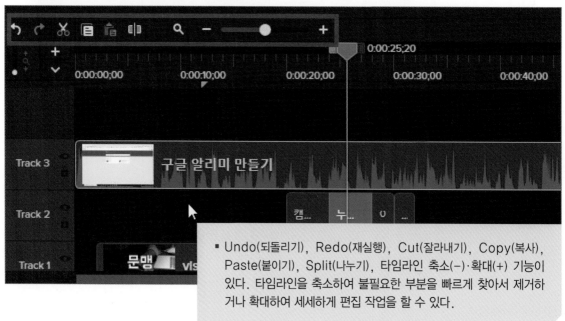

■ Undo(되돌리기), Redo(재실행), Cut(잘라내기), Copy(복사), Paste(붙이기), Split(나누기), 타임라인 축소(-)·확대(+) 기능이 있다. 타임라인을 축소하여 불필요한 부분을 빠르게 찾아서 제거하거나 확대하여 세세하게 편집 작업을 할 수 있다.

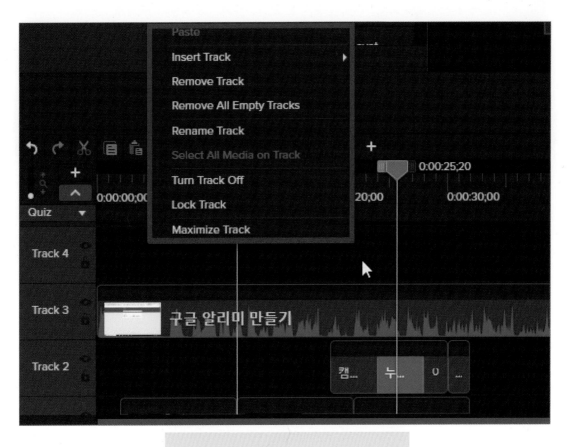

> ▪ 타임라인에 커서를 두고 마우스 우클릭 시
> 팝업 메뉴가 나온다.

→ Insert Track : 타임라인에 트랙을 추가한다. Above(위에 추가), Below(아래에 추가)
→ Remove Track : 타임라인의 트랙을 삭제한다.
→ Remove All Empty Tracks : 타임라인에서 사용하지 않는 모든 트랙을 삭제한다.
→ Rename Track : 트랙의 이름을 변경한다.
→ Select All Media on Track : 해당 트랙에 있는 모든 미디어를 선택한다.
→ Turn Track Off : 트랙을 끌 때 사용한다.
→ Lock Track : 트랙을 잠글 때 사용한다.
→ Maximize Track : 트랙을 최대 높이로 변경한다.
→ Minimize Track : 트랙을 최소 높이로 변경한다.

잠깐!

    사전에 동영상 제작에 활용할 수 있는 동영상, 이미지, 오디오 등 자료 소스를 준비해 놓으면 좋다. 캠타시아 정품을 구입할 경우 캠타시아에서 제공하는 동영상, 오디오, 효과음 등을 대부분 무료로 사용할 수 있다. 구글 이미지 검색을 통해 지적재산권에 문제가 없는 자료를 검색 활용하는 방법도 있으며, 유료 서비스로 동영상·이미지·오디오 등을 전문적으로 제공하는 곳도 있다. 자료 소스는 매년, 매월 콘텐츠별로 비용을 지불하는 다양한 방식이 있다. 이는 유튜브 채널에서 '김익순 강사'를 검색하여 동영상을 참고하기 바란다.

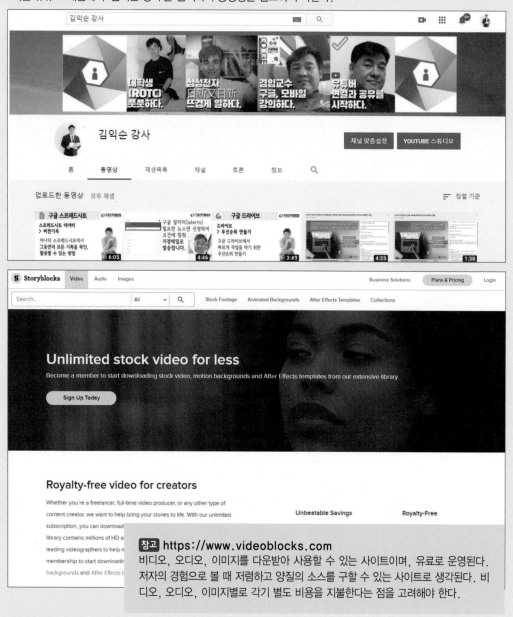

참고 https://www.videoblocks.com
비디오, 오디오, 이미지를 다운받아 사용할 수 있는 사이트이며, 유료로 운영된다. 저자의 경험으로 볼 때 저렴하고 양질의 소스를 구할 수 있는 사이트로 생각된다. 비디오, 오디오, 이미지별로 각기 별도 비용을 지불한다는 점을 고려해야 한다.

잠깐!

개인 사용을 기준으로 할 때 매월 지불하는 비용보다 연간 지불 비용이 저렴하다.

• 연간 99달러 : 매월 5개의 HD Footage 동영상
• 연간 199달러 : 무제한의 HD Footage, 4K Footage, After Effects Templates 동영상
• 연간 349달러 : 무제한의 HD Footage, 4K Footage, After Effects Templates, Music, Sound Effect, Loops, Photos, Vectors, illustrations 일체

캠타시아 정품을 구입하였을 경우 제공되는 동영상, 오디오, 이미지 등도 충분하다. 따라서 보다 다양한 소스를 희망할 경우에 한하여 유료 사용을 고려한다.

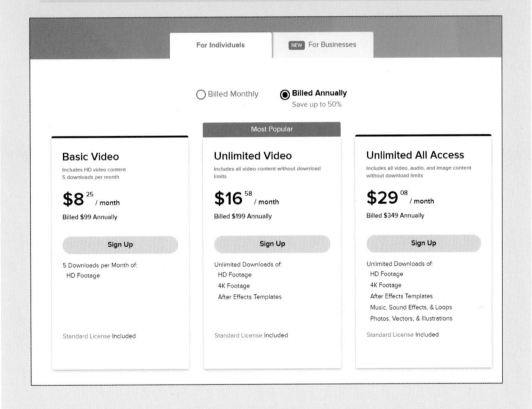

Chapter 03

캠타시아 라이브러리
Camtasia Library

- 캠타시아 스튜디오에서 사용하고자 하는 소스를 일목요연하게 정리할 수 있다.
- 나만의 정리 방법에 의해 라이브러리를 생성, 수정 등 다양하게 구성할 수 있다.
- 캠타시아에서 제공하는 비디오, 이미지, 효과 등 다양한 소스를 활용할 수 있다.

01 캠타시아 2019(Camtasia 2019)

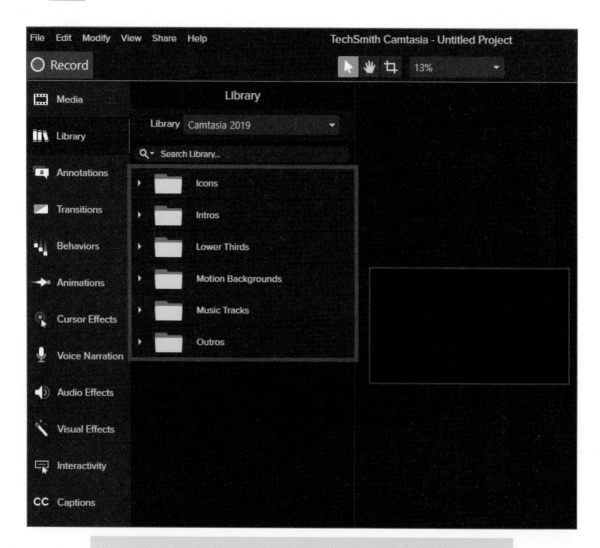

- "Icons" 클릭하여 건축물, 비즈니스, 교육, 보험, 인터페이스, 미디어, 사람, 소셜미디어, 교통, 일반 등 다양한 그림 파일을 아이콘으로 활용할 수 있다.
- Music Tracks은 다양한 음원을 활용하여 생동감 있는 동영상을 제작할 수 있다. 음원의 길이는 다양하기 때문에 동영상의 길이와 맞추기 위해서는 잘라내기를 한다. 잘라내기를 하였을 때 갑작스럽게 음원이 끊어지게 되면 부자연스러울 수 있으므로 Fade In, Fade Out을 사용하도록 한다.
- Outro는 동영상의 마무리 부분에 넣는 화면으로, 감사문구·홈페이지 주소·이메일·연락처 등이 기본으로 구성되어 있으며 수정할 수 있다.

1 Intros

동영상 도입부에 인트로를 활용하여 멋지게 구성할 수 있다. 다양한 인트로 동영상이 준비되어 있으므로 선택하여 활용할 수 있으며, 음향 혹은 사운드를 융합하면 보다 생동감 있고 멋진 인트로를 만들 수 있다. 인트로를 추가할 경우 인트로 이후에 동영상을 두어야 한다.

➜ Title : 제목 공간 1. 문구를 넣으면 Canvas에 적용되어 확인할 수 있다. 폰트, 색상, 사이즈, 스타일, 정렬을 지정할 수 있다.
➜ Subtitle : 부제목 공간 2. 폰트, 색상, 사이즈, 스타일, 정렬, 외곽선 색상을 지정할 수 있다.

Tip

주제목(Title)과 부제목(Subtitle)의 폰트 사이즈를 서로 다르게 하여 사이에 약간의 간격을 주거나 부제목의 경우 아래 정렬로 맞추면 가독성을 높일 수 있다.

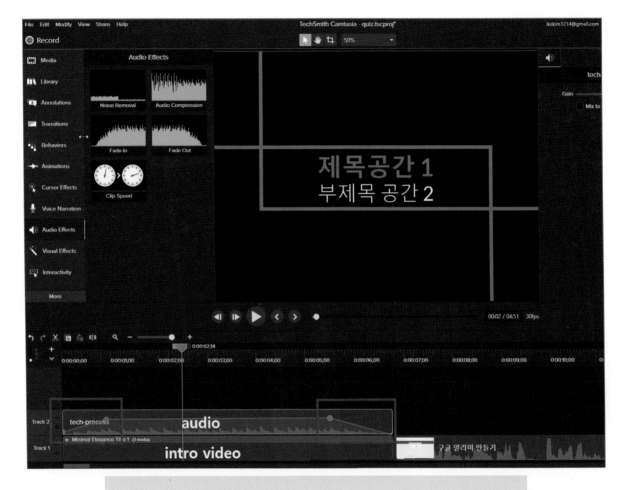

페이드인(Fade In), 페이드아웃(Fade Out)
- 인트로에는 별도의 오디오가 없기 때문에 다소 밋밋하게 느껴질 수 있다. 또한 인트로 시간과 정확하게 일치하는 오디오를 찾기는 쉽지 않다. 이를 해결하기 위한 방법으로 오디오 시작 부분에 페이드인(Fade In)을 주고 인트로가 끝나는 부분에 오디오 페이드아웃(Fade Out)을 주면 자연스럽게 들린다. 위의 이미지를 참고하고, 동영상에서 그 차이를 확인하여 보자.

2 Lower Thirds

동영상에 하단 자막을 움직임 포함하여 넣을 때 사용할 수 있다. 자막의 위치는 희망하는 위치로 이동시킬 수 있다. Assist Properties를 활용하여 주제목(Title), 부제목(Subtitle)과 색상 및 모양을 수정할 수 있다.

3 Motion Backgrounds

화면 전체에 적용되는 배경 동영상으로 활용할 수 있다. Track 뒤에 나오는 숫자는 위치를 의미한다. Track 1은 맨 앞에 노출되며, 자막의 경우 Track 1에 위치해야 글자가 보인다.

> **Tip**
>
> 차별화된 인트로를 만들어서 활용한다면 아이덴티티(identity)를 가질 수 있을 것이다. 이를 위해서는 자신만의 로고를 제작하는 것도 한 방법이 될 수 있다. 저렴한 비용으로 자신의 로고를 제작하고 싶다면 크몽(www.kmong.com)에서 로고 제작을 의뢰하여 보는 것도 방법이다.

02 유저 라이브러리(User Libraries)

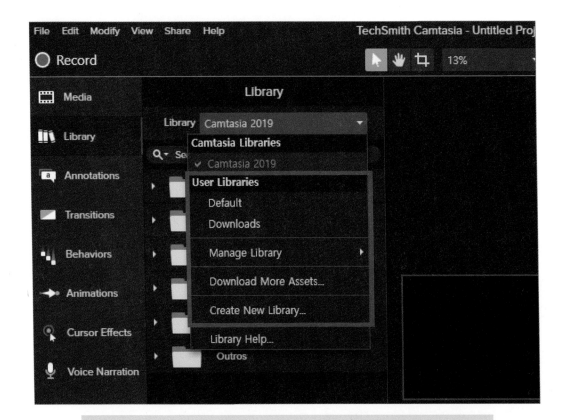

> ➔ Downloads : 다운로드한 다양한 자료를 저장, 보관하여 필요시 활용할 수 있다.
> ➔ Manage Library : 라이브러리의 이름을 수정, 삭제, 보내기, 가져오기를 할 수 있다.
> ➔ Downloads More Assets... : 동영상, 이미지, 음원을 검색 및 다운로드하여 활용할
>   수 있다. 캠타시아 정품 구매자라면 대부분 무료 사용이 가능하다. 동영상을 보다 풍성
>   하고 전문적으로 제작할 수 있다.
> ➔ Create New Library... : 라이브러리 폴더를 새로 만들 수 있다.

Tip

동영상 구성은 썸네일, 인트로, 자막, 메인 영상편집, 아웃트로로 구분해 볼 수 있다.
썸네일과 인트로의 경우는 본 저서에 짧은 시간에 고품질로 제작할 수 있는 솔루션을 추천하였으니,
활용한다면 효율적인 영상 제작이 가능할 것이다.

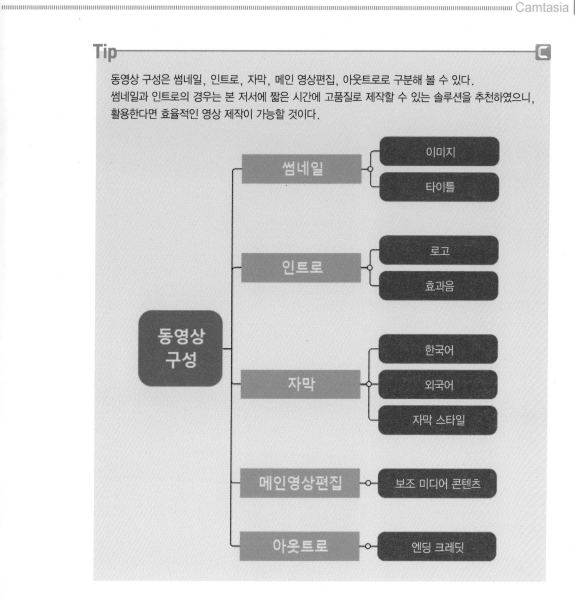

Camtasia
Annotations

Chapter 04

캠타시아 주석
Camtasia Annotations

- 동영상에 말풍선, 화살표, 모자이크, 스케치선, 키보드 글자 모양 등 다양한 효과를 줄 수 있다.
- 시각적인 효과를 통해 동영상의 몰입도를 높일 수 있다.

01 콜아웃(Callouts)

"Callouts"을 클릭하면 여러 가지 형태의 글상자를 선택할 수 있다. 단순히 도형만 사용할
수도 있고, 도형 안에 글자를 입력할 수도 있다. 원하는 형태를 클릭하면 오른쪽 미리보기 화면
에 콜아웃 도형이 입력된다. 글상자의 형태는 여러 종류가 있으므로 'Style'에서 선택하고, 색
상과 테두리색도 변경할 수 있다.

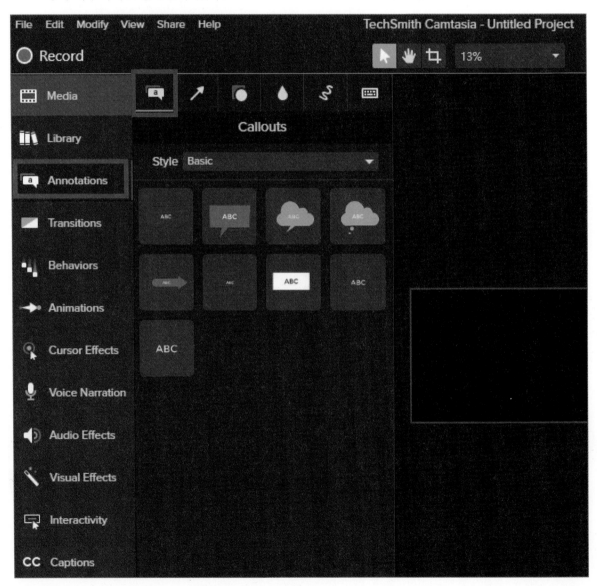

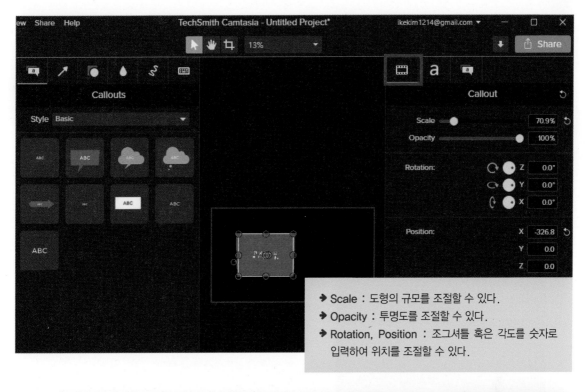

➔ Scale : 도형의 규모를 조절할 수 있다.
➔ Opacity : 투명도를 조절할 수 있다.
➔ Rotation, Position : 조그셔틀 혹은 각도를 숫자로 입력하여 위치를 조절할 수 있다.

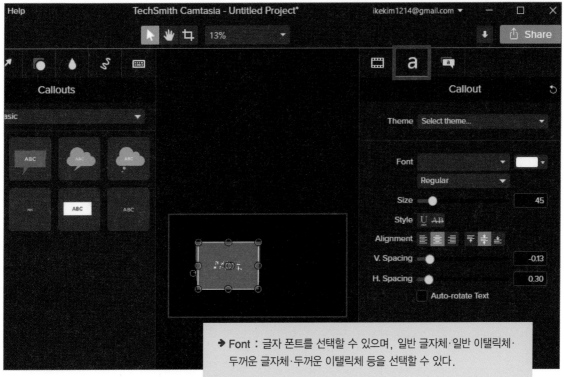

➔ Font : 글자 폰트를 선택할 수 있으며, 일반 글자체·일반 이탤릭체· 두꺼운 글자체·두꺼운 이탤릭체 등을 선택할 수 있다.

- → Size : 글자의 사이즈를 조절할 수 있다.
- → Style : 언더라인, 취소 표시를 선택할 수 있다.
- → Alignment : 글자를 왼쪽, 가운데, 오른쪽 및 위쪽, 중간, 아래쪽으로 정렬할 수 있다.
- → V.Spacing : 글자의 세로 간격을 조절할 수 있다.
- → H.Spacing : 글자의 가로 간격을 조절할 수 있다.

1 V.Spacing

1-1 V.Spacing 1.04일 경우

1-2 V.Spacing 3.0일 경우

"안녕하세요"와 "반갑습니다." 사이가 넓어졌다.

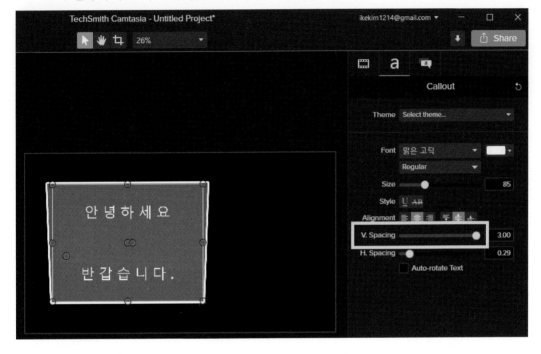

2 Shape

콜아웃의 모양을 선택할 수 있다.

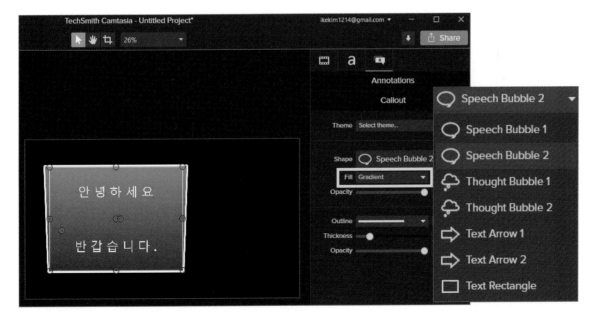

3 Fill

콜아웃 내부 색상을 모두 같은 톤으로, 혹은 그라데이션 톤으로 선택할 수 있다.

3-1 Gradient일 경우

"안녕하세요" 윗부분의 색상이 아랫부분에 비해 흐려지고 있다.

3-2 Solid일 경우

4 Opacity

콜아웃의 내부 색상의 투명도를 조절할 수 있다.

4-1 Opacity 0%일 경우 투명해진다.

4-2 Opacity 100%일 경우 불투명해져 원래의 색깔을 띤다.

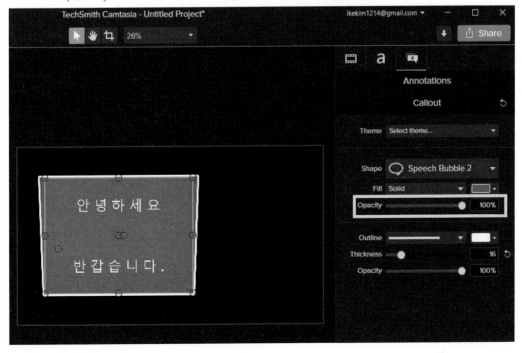

5 Outline

콜아웃의 테두리 색상을 선택할 수 있다.

5-1 아웃라인(Outline)을 흰색으로 한 경우

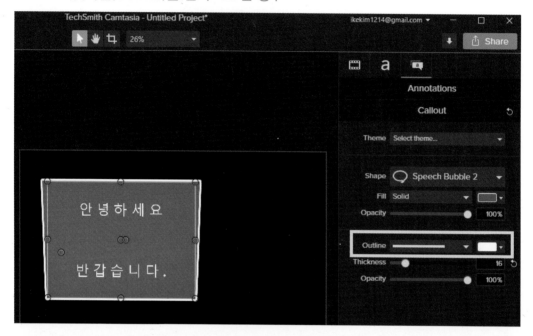

5-2 아웃라인(Outline)을 녹색으로 한 경우

6 Thickness

콜아웃의 두께를 조절할 수 있다.

6-1 Thickness를 0으로 한 경우

6-2 Thickness를 100으로 한 경우

7 Opacity

콜아웃의 테두리 투명도를 조절할 수 있다.

7-1 Opacity 31%일 때

7-2 Opacity 100%일 때

02 화살표와 선(Arrows & Lines)

Arrows & Lines에서 화살표를 선택하여 오른쪽으로 드래그하면 화면처럼 나타난다.

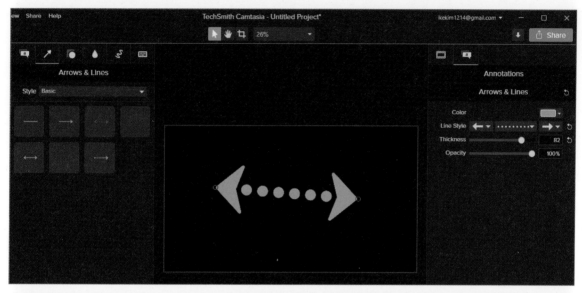

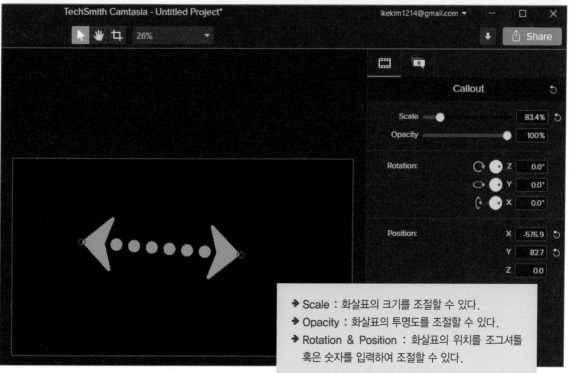

➡ Scale : 화살표의 크기를 조절할 수 있다.
➡ Opacity : 화살표의 투명도를 조절할 수 있다.
➡ Rotation & Position : 화살표의 위치를 조그셔틀
혹은 숫자를 입력하여 조절할 수 있다.

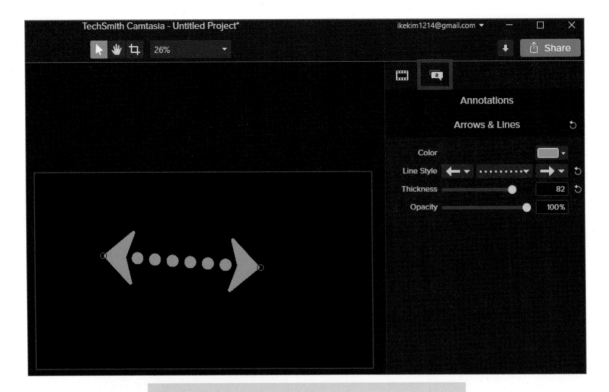

→ Color : 화살표의 색상을 선택할 수 있다.

→ Line Style : 화살표 시작 부분, 중간 몸통 부분, 화살표 마지막 부분을 선택하여 지정할 수 있다.

→ Thickness : 화살표의 두께를 조절할 수 있다.

→ Opacity : 화살표의 투명도를 조절할 수 있다.

03 모양(Shapes)

Shapes에서 희망하는 도형을 선택하여 오른쪽으로 드래그하면 아래 이미지처럼 나타난다. 포인트 점을 선택하여 사이즈를 확대, 축소할 수 있다.(Fill, Opacity, Outline, Thickness는 앞의 설명을 참고한다.)

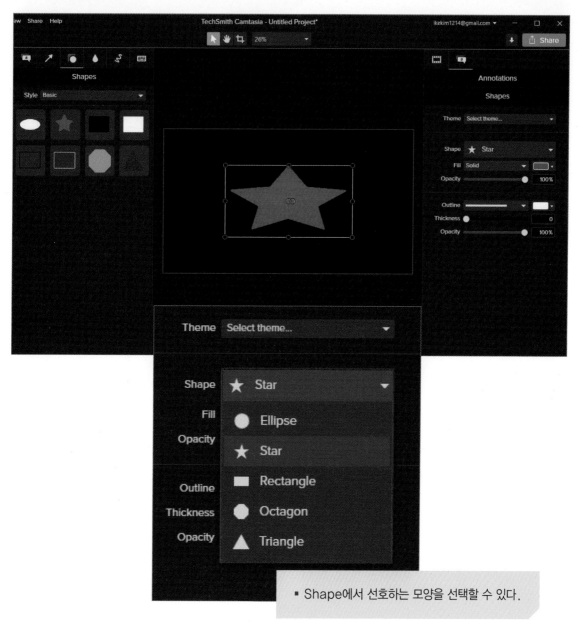

▪ Shape에서 선호하는 모양을 선택할 수 있다.

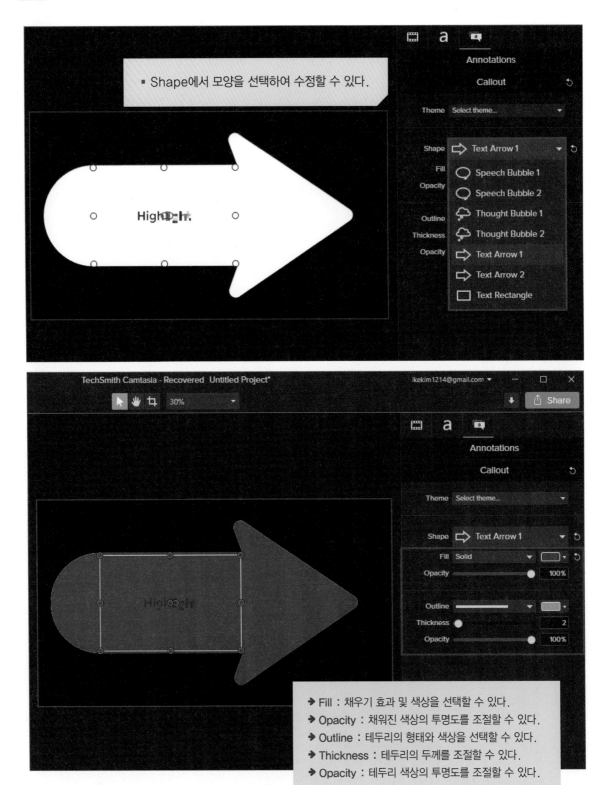

04 Blur & Highlight

1 Blur

선택 부분을 흐리게 표현한다. 별 모양에서 한쪽은 Blur 처리된 것이고, 다른 한쪽은 효과를 주지 않은 모습이다.

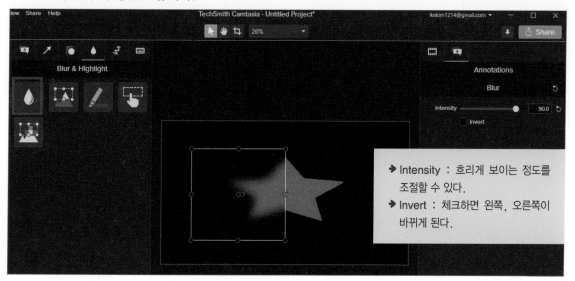

2 Spotlight

선택한 부분만 밝게 보인다. 'Intensity'를 70.8%로 하면 그 외 부분은 검정색으로 보인다.

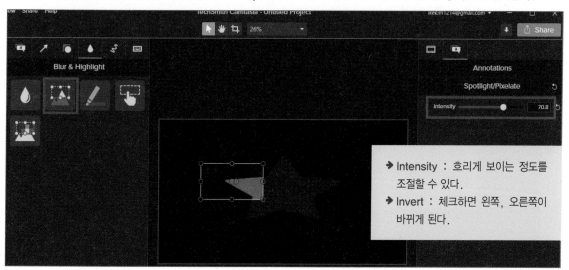

3 Highlight

특정 부분을 강조할 수 있으며, 필요시 글자를 넣을 수도 있다. Highlight에 글을 넣었을
때 Font, Size, Style, Alignment 등을 지정할 수 있다.

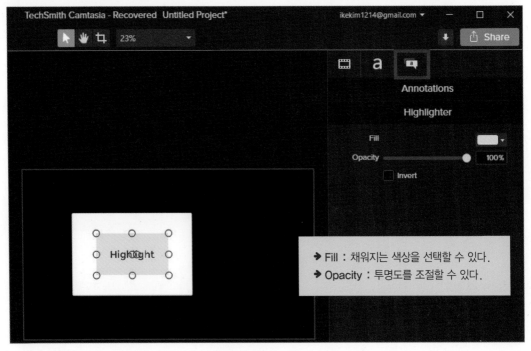

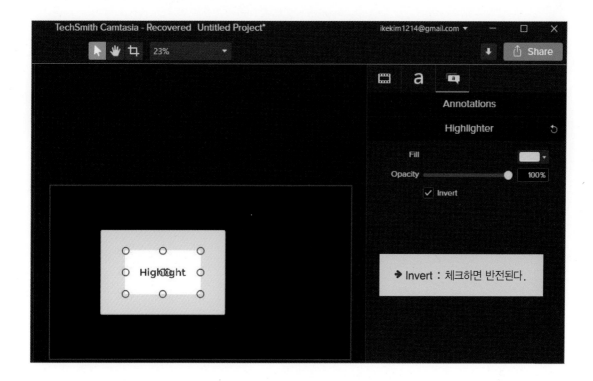

4 Pixelate

선택 부분에 모자이크 효과를 줄 수 있다.

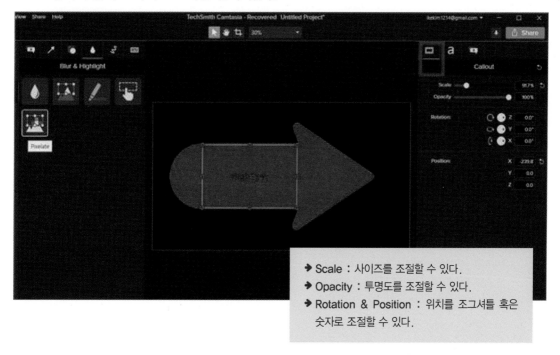

➜ Scale : 사이즈를 조절할 수 있다.
➜ Opacity : 투명도를 조절할 수 있다.
➜ Rotation & Position : 위치를 조그셔틀 혹은 숫자로 조절할 수 있다.

05 스케치 모션(Sketch Motion)

아래의 이미지에서 보이는 다양한 스케치 모션을 선택할 수 있다. 희망하는 모양을 선택하여 타임라인으로 가져가서 효과를 줄 수 있다.

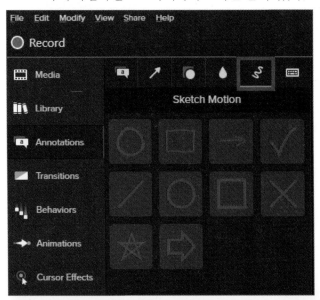

- 빨간색 네모 모양의 스케치 모션을 타임라인 또는 캔버스에 Drag & Drop하면 아래 이미지와 같이 표현된다.
- 속성에서 사이즈, 투명도, 스케치 모션, 테두리 색상, 위치 등을 수정할 수 있다.
- 스케치 모션은 타임라인을 달리하여 여러 개를 동시에 추가 적용할 수도 있다.

06 키보드 글상자(KeyStroke Callouts)

키보드의 단축키를 표현할 때 사용할 수 있다. 키보드 글상자는 입체감, 일반, 테두리 라인, 글자만 있는 형태에서 선택할 수 있다. 속성에서 사이즈, 투명도, 위치 등을 조절할 수 있다.

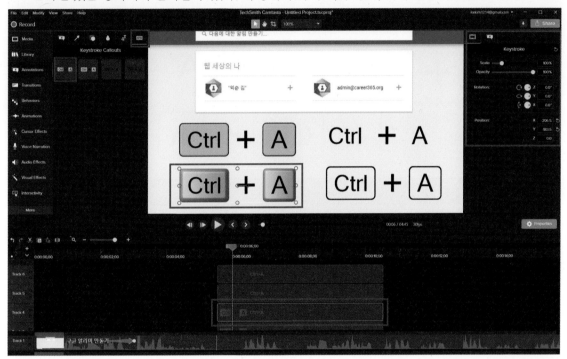

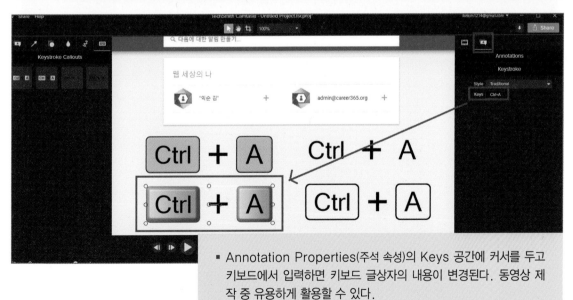

- Annotation Properties(주석 속성)의 Keys 공간에 커서를 두고 키보드에서 입력하면 키보드 글상자의 내용이 변경된다. 동영상 제작 중 유용하게 활용할 수 있다.

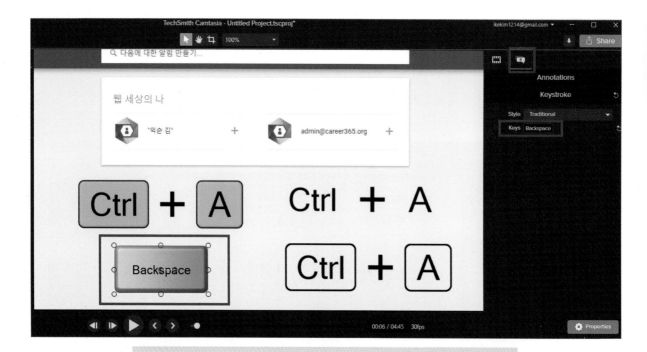

- 만약 Backspace를 표현하고자 한다면 Keys에 커서를 두고 키보드에서 "Backspace"를 클릭하면 표현된다.

Tip

동영상을 제작할 때 '캠타시아' 솔루션 하나로 모든 절차를 완료할 수도 있으나 다양한 솔루션을 융합하여 활용하면 더욱 효율적인 영상 제작이 가능하게 된다. 고품질 동영상을 빠른 시간 내에 제작하기 위한 프로그램 조합이다.

개인별로 다소 차이가 있을 수 있으며, 아래에서 제시한 것 이외에도 다양한 방식이 있을 수 있다. 이는 개인별 선호도에 따라 다를 수 있으니 제작을 하면서 자신에게 맞는 프로그램을 선정하도록 한다.

Camtasia
Transitions

Chapter 05

캠타시아 트랜지션(변환)
Camtasia Transitions

- 동영상, 이미지 사이에 변환 효과를 이해하고, 다양한 시각적 효과를 줄 수 있다.
- 각 효과별 속성을 이해하고 활용할 수 있다.

01 트랜지션(Transitions)

트랜지션(Transitions, 변환)은 사진이나 영상이 다음 장면으로 넘어갈 때 넘어가는 부분에
효과를 주기 위해 사용된다. 트랜지션에 커서를 놓으면 잠시 후 미리보기가 제공된다.

➔ Fade : 서서히 어두워지면서 변환되는 효과

➔ Circle stretch : 가운데를 중심으로 원형으로 변환되는 효과

➔ Flip : 180도 좌우로 변환되는 효과

➜ Fold : 반으로 접히면서 변환되는 효과

➜ Page roll : 말아지듯이 변환되는 효과

➜ Page turn : 페이지를 넘기듯이 변환되는 효과

➜ Ripple : 왜곡 현상이 생기면서 변환되는 효과

➜ Slide left : 왼쪽으로 미끄러지면서 변환되는 효과

➜ Slide right : 오른쪽으로 미끄러지면서 변환되는 효과

➜ Spiral : 가운데 방향으로 나선형을 그리면서 변환되는 효과

➜ Stretch : 가운데에서 양방향으로 펼쳐지며 변환되는 효과

➜ Cube rotate : 큐브 형태의 좌우로 변환되는 효과

➔ Whip spin : 빠른 속도로 이미지 궤적을 남기면서 변환되는 효과

➔ Dissolve : 화면 여기저기에서 흩뿌려지며 변환되는 효과

➔ Glow : 빛을 발하면서 환해지며 변환되는 효과

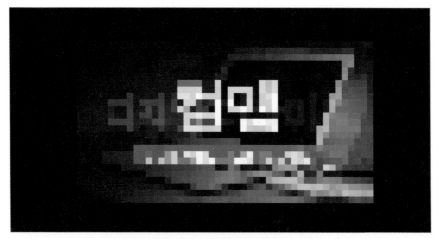

➜ Pixelate : 모자이크 형태에서 변환되는 효과

➜ Radial Blur : 방사형으로 흐려지면서 변환되는 효과

➜ Random dissolve : 화면 여기저기에서 점 모양으로 흩뿌려지며 변환되는 효과

➜ Barn door : 가운데에서 양쪽으로 열리면서 변환되는 효과

➜ Blinds : 횡 방향으로 블라인드 모양에서 변환되는 효과

➜ Checkboard : 체크 모양에서 변환되는 효과

➜ Circle reveal : 가운데에서 화면이 나오는 효과

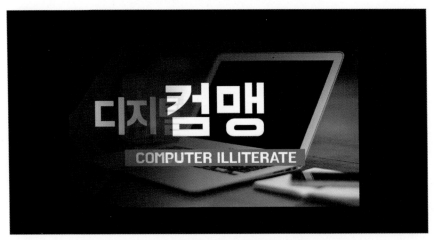

➜ Gradient wipe : 그라데이션 효과를 주면서 변환되는 효과

➜ nset : 왼쪽 상단에서 '↙' 모양으로 밀어내면서 변환되는 효과

➔ Iris : 가운데 십자가 모양에서 변환되는 효과

➔ Radial wipe : 시계 방향으로 변환되는 효과

➔ Random bars : 횡 방향으로 미세한 블라인드 모양에서 변환되는 효과

➔ Strips : 오른쪽 상단에서 왼쪽 하단으로 변환되는 효과

➔ Wheel : 가운데를 기준으로 모든 분면에서 시계 방향으로 변환되는 효과

➔ Zigzag : 지그재그로 변환되는 효과

02 트랜지션 실행

1 파일 불러오기

- 먼저 여러 장면의 이미지 또는 동영상 파일을 불러온다. "Import media"를 클릭하여 파일을 컴퓨터 또는 구글 드라이브에서 가져오되, 트랜지션 효과 사용을 위해 2개 이상의 파일을 불러온다.
- 화면 왼쪽 Media Bin에 불러오기 한 이미지 파일이 있으므로 그 이미지를 선택하고 드래그하여 아래 타임라인의 Track 라인에 가져다 놓는다. 이미지가 재생될 순서대로 배열한다.

2 트랜지션 효과 사용하기

■ "Transitions" 메뉴를 클릭하여 다양한 트랜지션 효과 중 선택한다. 이미지별 전환 시 다른 트랜지션 효과를 적용할 수 있다.

- 원하는 트랜지션 효과를 선택하고 드래그하여 타임라인의 화살표 칸에 끌어다 놓는다. 전후 이미지에 선택한 트랜지션 효과가 적용되었음이 표시된다.
- 커서를 적용 표시된 부분에 놓으면 적용된 효과의 이름이 팝업으로 표시된다.
- 커서를 활용하여 트랜지션 효과 시간을 조절할 수 있다.

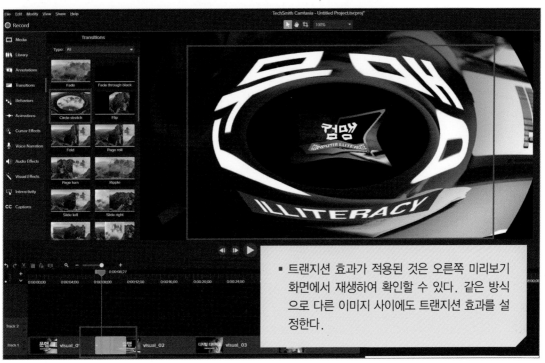

- 트랜지션 효과가 적용된 것은 오른쪽 미리보기 화면에서 재생하여 확인할 수 있다. 같은 방식으로 다른 이미지 사이에도 트랜지션 효과를 설정한다.

3 트랜지션 효과 설정하기

- 타임라인에서 트랜지션이 적용된 부분에 커서를 놓으면 속성 메뉴가 나온다. Type에서 희망하는 트랜지션 효과를 선택하면 타임라인에 적용된다.

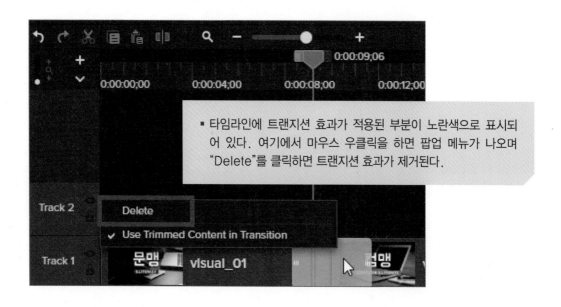

- 타임라인에 트랜지션 효과가 적용된 부분이 노란색으로 표시되어 있다. 여기에서 마우스 우클릭을 하면 팝업 메뉴가 나오며 "Delete"를 클릭하면 트랜지션 효과가 제거된다.

- 메뉴에서 "Modify 〉 Remove 〉 All Transitions"을 클릭하면 한 번에 모든 트랜지션 효과를 제거할 수 있다. 하나씩 제거하는 시간을 대폭 절감할 수 있다.

Chapter 06

캠타시아 행태
Camtasia Behaviors

- 동영상, 이미지에 다양한 동적 효과를 줄 수 있다.
- 복수의 기능을 조합하여 다양한 연출을 만들 수 있다.

01 Behaviors(행태)

1 행태의 기능

Drifting, Explode, Fade, Fly In, Jump And Fall, Pop Up, Pulsating, Reveal, Scale, Shifting, Slide 등 다양한 행태(Behaviors)를 동영상, 이미지에 복수로 적용할 수 있다. 어떻게 조합하느냐에 따라 다양한 효과를 기대할 수 있다. 즉, 동영상·이미지에 동작 효과를 주는 기능으로, 복수의 기능을 조합하여 다양한 연출을 만들 수 있다.

➜ Drifting : 어느 한 방향에서 동영상, 이미지가 나타나는 효과
➜ Explode : 동영상, 이미지가 회전하면서 나타나는 효과
➜ Fade : 어두운 화면에서 서서히 동영상, 이미지가 나타나는 효과
➜ Fly In : 동영상, 이미지가 날아오면서 나타나는 효과
➜ Jump And Fall : 동영상, 이미지가 위에서 툭 떨어지면서 통통 튀는 효과
➜ Pop Up : 동영상, 이미지가 나타나서 어느 한 방향으로 그네를 타는 듯한 효과
➜ Pulsating : 동영상, 이미지가 나타나서 전체 앞뒤로 커졌다 작아졌다 하는 효과
➜ Reveal : 동영상, 이미지가 밝아졌다 어두워졌다 하는 효과
➜ Scale : 동영상, 이미지가 나타나는 효과
➜ Shifting : 동영상, 이미지가 위에서 나타나는 효과
➜ Sliding : 동영상, 이미지가 어느 한 방향에서 미끄러지듯이 나타나는 효과

2 행태의 기본 구성 메뉴

행태는 효과의 시작(In), 진행(During), 마무리(Out)로 구성되어 있다. 각 구분별로 다양한 효과를 기억하고, 이를 어떻게 조합하여 표현할지는 많은 경험이 필요하다. 실제 각 메뉴의 효과를 시연하면서 익혀 보아야 한다.

In			During		
Style 종류	Movement 종류	Direction 종류	Style 종류	Movement 종류	Direction 종류
Bounce In	Bounce	Left	Drifting	Bounce	Left
Drifting	Ease Both	Right	Fading	Ease Both	Right
Fade In	Ease In	Top	Jump	Ease In	Top
Fly In	Ease Out	Bottom	None	Ease Out	Bottom
Grow	Linear		Pop Up	Linear	
Hinge	Smooth		Pulsate	Smooth	
Implode	Spring		Reveal	Spring	
None			Shiftng		
Reveal					
Shiftng					
Sliding					

Out		
Style 종류	Movement 종류	Direction 종류
Drifting	Bounce	Left
Drop	Ease Both	Right
Explode	Ease In	Top
Fade Out	Ease Out	Bottom
Fly Out	Linear	
Hinge	Smooth	
None	Spring	
Reveal		
Shiftng		
Sliding		

02 Behaviors 속성

속성은 In(스크린이 시작되는 부분), During(스크린이 출력되는 부분), Out(스크린이 마무리되는 부분)으로 구분된다. 설정으로 스타일, 움직임, 방향 등을 각각 조절할 수 있다.

3 Drifting, Explode, Fade의 In 속성 보기(저자직강 사례는 동영상으로 설명)

4 Drifting, Explode, Fade의 During 속성 보기(저자직강 사례는 동영상으로 설명)

5 Drifting, Explode, Fade의 Out 속성 보기(저자직강 사례는 동영상으로 설명)

6 Behaviors 한 번에 제거하기

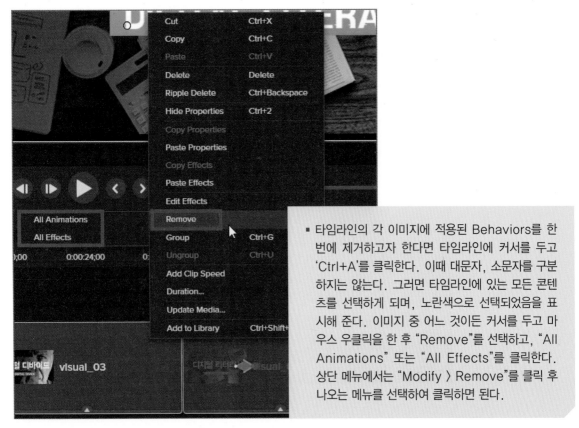

■ 타임라인의 각 이미지에 적용된 Behaviors를 한 번에 제거하고자 한다면 타임라인에 커서를 두고 'Ctrl+A'를 클릭한다. 이때 대문자, 소문자를 구분하지는 않는다. 그러면 타임라인에 있는 모든 콘텐츠를 선택하게 되며, 노란색으로 선택되었음을 표시해 준다. 이미지 중 어느 것이든 커서를 두고 마우스 우클릭을 한 후 "Remove"를 선택하고, "All Animations" 또는 "All Effects"를 클릭한다. 상단 메뉴에서는 "Modify 〉 Remove"를 클릭 후 나오는 메뉴를 선택하여 클릭하면 된다.

7 Behaviors 속성 보기

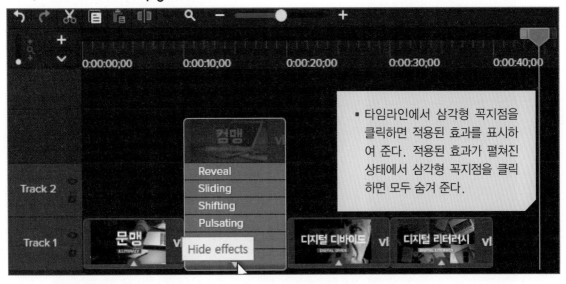

■ 타임라인에서 삼각형 꼭지점을 클릭하면 적용된 효과를 표시하여 준다. 적용된 효과가 펼쳐진 상태에서 삼각형 꼭지점을 클릭하면 모두 숨겨 준다.

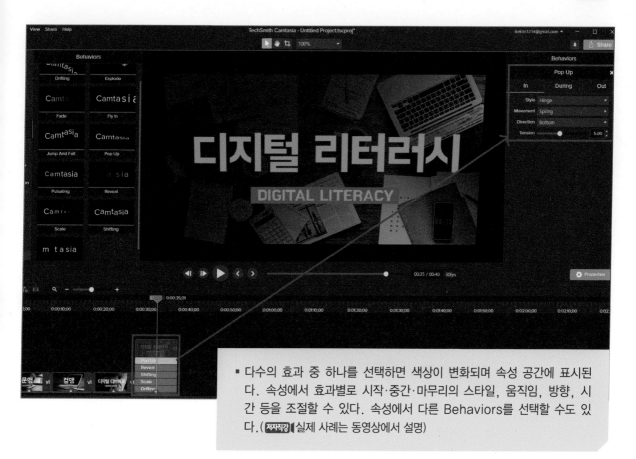

■ 다수의 효과 중 하나를 선택하면 색상이 변화되며 속성 공간에 표시된 다. 속성에서 효과별로 시작·중간·마무리의 스타일, 움직임, 방향, 시 간 등을 조절할 수 있다. 속성에서 다른 Behaviors를 선택할 수도 있 다.(**저자직강**)(실제 사례는 동영상에서 설명)

잠깐!

　『캠타시아 활용 전문가 되기』를 통해서 동영상을 제작, 편집할 수 있는 역량을 갖추었다면 『구글 활용 전문가 되기』를 통해서 초연결 실시간 협업하는 역량을 갖출 수 있게 된다. 즉 『캠타시아 활용 전문가 되기』를 통해 양질의 동영상을 만들고, 그렇게 만들어진 동영상을 『구글 활용 전문가 되기』를 통해서 다양한 사람들과 공유, 실시간 협업함으로써 효율적인 영향력을 발휘할 수 있는 것이다.

　그렇다면 그 다음 단계는 어떻게 될까?

　코로나19로 인하여 비대면 언택트에 대한 관심이 대단히 증폭되었다. 비대면 시대의 언택트 오피스 매니저가 되기 위해서는 이러닝 시스템을 개발, 운영할 수 있어야 된다고 생각한다. 이러닝 시스템을 개발, 운영할 수 있다고 할 때 '나는 개발자가 아닌데 가능할까?' 하고 의구심을 가질 수 있다. 하지만 이를 극복할 수 있는 방법이 있다. 이는 저자의 다음 도서인 『이러닝 기반 스마트러닝 활용 전문가 되기』에서 상세하게 기술하고자 한다.

　따라서 관심 있는 독자는 『캠타시아 활용 전문가 되기』를 통해서 동영상 제작에 대한 영향을 확보하고, 『구글 활용 전문가 되기』를 통해서 초연결 실시간 협업 역량을 극대화한 후, 다음 도서인 『이러닝 기반 스마트러닝 활용 전문가 되기』에서 그 결실을 맺어 보기 바란다. 현재 시중에서 서비스되고 있는 고품질의 이러닝 시스템을 비전공자도 개발하고, 기획하고, 운영할 수 있도록 가이드하는 도서가 될 것이다.

Chapter 07

캠타시아 애니메이션
Camtasia Animations

- 화면을 확대 혹은 축소하여 프레젠테이션에 몰입도를 높일 수 있다.
- 동영상, 이미지에 다양한 동적 효과를 줄 수 있다.

01 줌앤팬(Zoom-n-Pan)

줌앤팬 기능을 이용하면 동영상의 특정 부분을 확대할 수 있다. 주의할 것은 확대를 한 후에 다시 원래의 크기대로 보여지게 하려면 다시 한 번 '줌앤팬'을 설정해야 한다.

➔ Actual size : 실제 이미지 사이즈에 맞추어 보여진다.
➔ Scale to fit : 이미지를 화면에 꽉 차게 변경하며, 작업 중이라도 클릭 시 꽉 찬 화면으로 변경된다.
➔ Opacity : 이미지의 투명도를 조절할 수 있다.
➔ Rotation & Position : 이미지의 위치를 조절할 수 있다.

▪ Scale을 50% 로 지정하였을 때 이미지의 사이즈가 줄어든다.

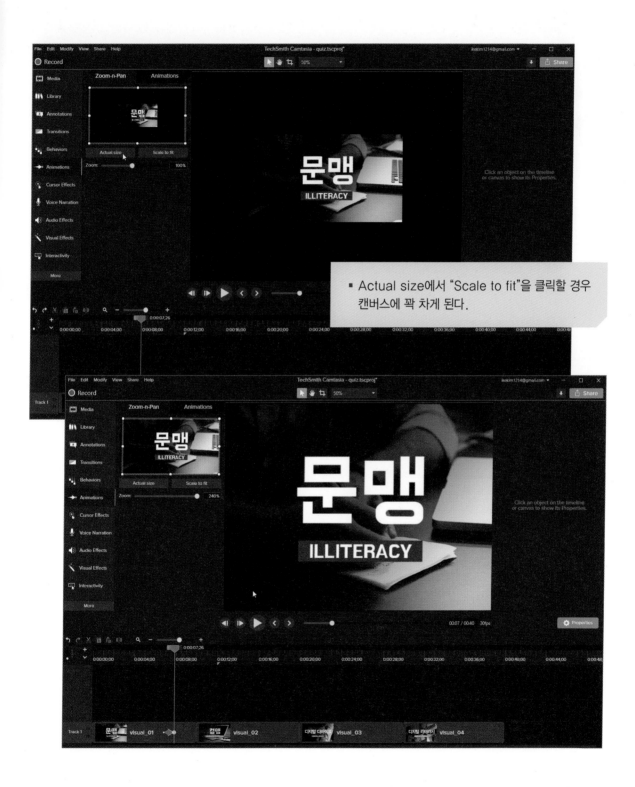

■ Actual size에서 "Scale to fit"을 클릭할 경우 캔버스에 꽉 차게 된다.

02 애니메이션(Animations)

애니메이션 기능을 이용하면 이미지를 다양하게 배치하는 효과를 줄 수 있으며, 복수의 애니메이션을 추가할 수 있다.(**저자직강** 실제 적용 사례는 동영상 설명)

→ **Custom** : 이미지가 회전하면서 배치된다.
→ **Restore** : 이미지를 원래의 사이즈로 보여 준다.
→ **Scale Down** : 이미지가 설정된 속성에 따라 작아진다. Scale Up의 반대로 생각하면 된다.
→ **Scale to Fit** : 이미지가 캔버스 화면에 맞추어진다.
→ **Smart Focus** : 이미지의 특정 부분을 자동으로 확대해 준다.

1 No Opacity

이미지가 설정된 속성에 따라 검정색으로 변화, Opacity 0%일 때도 같은 효과를 나타낸다.

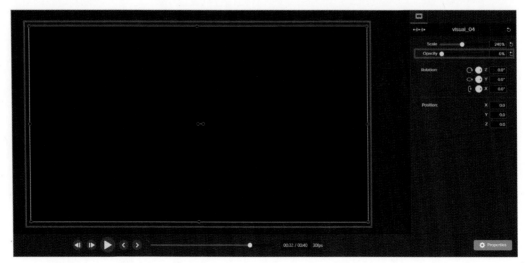

2 Full Opacity

이미지가 설정된 속성에 따라 나타난다. Opacity 100%일 때도 같은 효과를 나타낸다.

3 Tilt Left

이미지가 설정된 속성에 따라 Canvas의 왼쪽으로 기울어져 배치된다. Scale의 % 값을 높이면 사이즈가 커진다.

4 Tilt Right

이미지가 설정된 속성에 따라 Canvas의 오른쪽으로 기울어져 배치된다. Scale의 % 값을 높이면 사이즈가 커진다.

5 Scale Up

이미지가 설정된 속성에 따라 커진다.

5-1 "Actual Size"를 클릭하면 Scale 값은 100%가 된다.

5-2 Scale Up을 할 경우 156.3%가 된다.

5-3 Scale Up 값을 더 올려 보면 캔버스보다 더 커져서 벗어날 수도 있다.

- 편집자의 의도에 따라 적용 여부를
  결정하면 된다.

Camtasia
Cursor Effects

Chapter 08

캠타시아 커서 효과
Camtasia Cursor Effects

- 컴퓨터 화면을 커서의 움직임과 함께 녹화 후 커서 형태에 여러 가지 효과를 주어 강조할 수 있다.
- 커서의 왼쪽, 오른쪽에 각각 다른 효과를 줄 수 있다.
- 클릭 시 효과음과 커서의 색상 등을 설정할 수 있다.

01 파일 불러오기

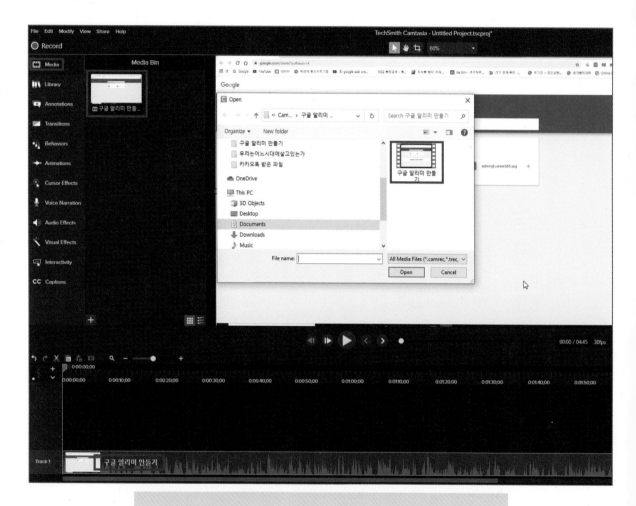

> - 먼저 커서가 함께 녹화된 '파일명.camrec' 파일을 Media Bin으로 가져온다. Media Bin에 있는 파일을 타임라인으로 Drag & Drop 한다.

02 커서 효과 사용하기

Cursor Effects는 희망하는 효과를 타임라인의 동영상으로 Drag & Drop한다.

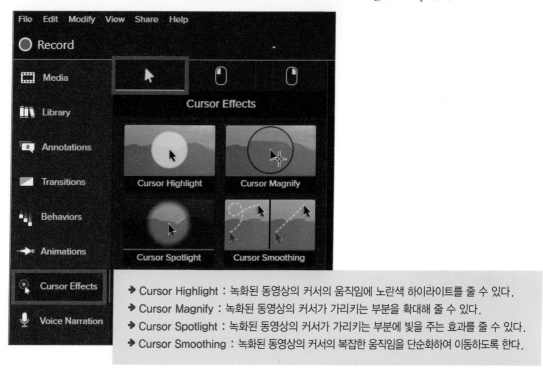

➡ Cursor Highlight : 녹화된 동영상의 커서의 움직임에 노란색 하이라이트를 줄 수 있다.
➡ Cursor Magnify : 녹화된 동영상의 커서가 가리키는 부분을 확대해 줄 수 있다.
➡ Cursor Spotlight : 녹화된 동영상의 커서가 가리키는 부분에 빛을 주는 효과를 줄 수 있다.
➡ Cursor Smoothing : 녹화된 동영상의 커서의 복잡한 움직임을 단순화하여 이동하도록 한다.

▪ 타임라인에서 커서 효과가 적용된 현황을 볼 수 있다. 속성에서 각 커서 효과의 색상, 투명도, 커서링의 사이즈, 시간, 확대 범위 등을 다양하게 조절할 수 있다.

1 Cursor Highlight

녹화된 동영상 커서의 움직임에 노란색 하이라이트를 줄 수 있다.

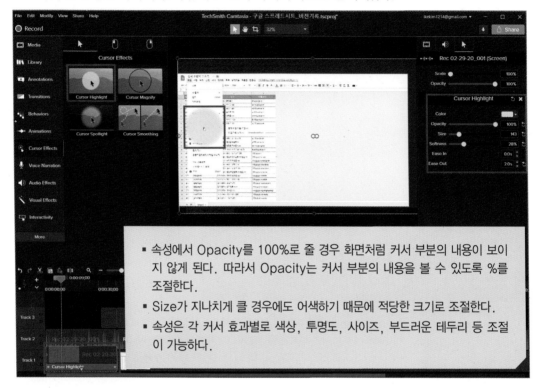

- 속성에서 Opacity를 100%로 줄 경우 화면처럼 커서 부분의 내용이 보이지 않게 된다. 따라서 Opacity는 커서 부분의 내용을 볼 수 있도록 %를 조절한다.
- Size가 지나치게 클 경우에도 어색하기 때문에 적당한 크기로 조절한다.
- 속성은 각 커서 효과별로 색상, 투명도, 사이즈, 부드러운 테두리 등 조절이 가능하다.

2 Cursor Magnify

녹화된 동영상의 커서가 가리키는 부분을 확대해 줄 수 있다.

2-1 Softness가 7%일 때

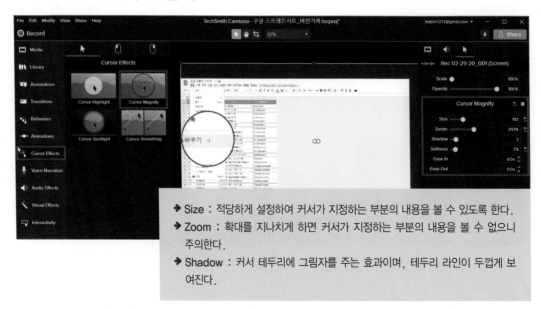

- Size : 적당하게 설정하여 커서가 지정하는 부분의 내용을 볼 수 있도록 한다.
- Zoom : 확대를 지나치게 하면 커서가 지정하는 부분의 내용을 볼 수 없으니 주의한다.
- Shadow : 커서 테두리에 그림자를 주는 효과이며, 테두리 라인이 두껍게 보여진다.

2-2 Softness가 100%일 때

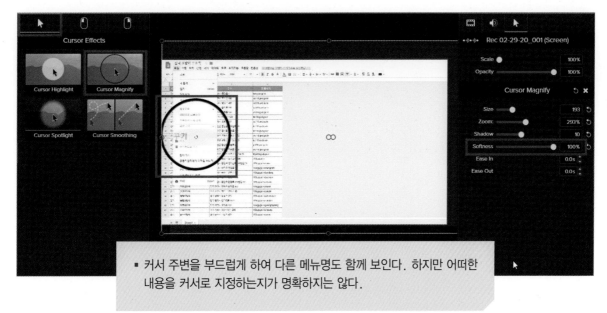

- 커서 주변을 부드럽게 하여 다른 메뉴명도 함께 보인다. 하지만 어떠한 내용을 커서로 지정하는지가 명확하지는 않다.

3 Cursor Spotlight

마우스 커서 주변을 제외한 부분은 어둡게 표시되는 형태로 강조한다.

3-1 Softness를 0%로 지정하였을 때

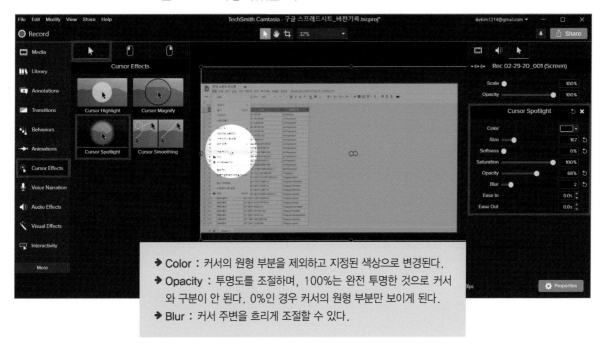

→ Color : 커서의 원형 부분을 제외하고 지정된 색상으로 변경된다.
→ Opacity : 투명도를 조절하며, 100%는 완전 투명한 것으로 커서와 구분이 안 된다. 0%인 경우 커서의 원형 부분만 보이게 된다.
→ Blur : 커서 주변을 흐리게 조절할 수 있다.

3-2 Color는 빨간색, Opacity는 0%로 지정하였을 때

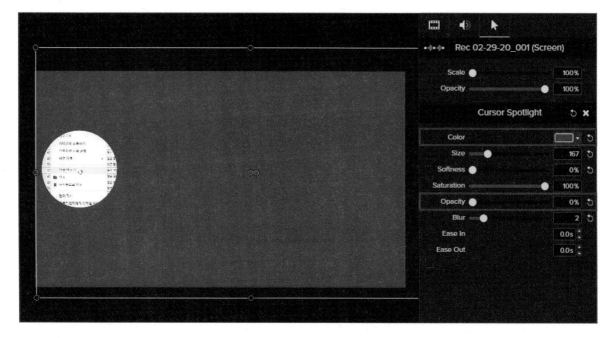

4 Cursor Smoothing

녹화된 동영상에서 커서의 복잡한 움직임을 단순화하여 이동하도록 한다.

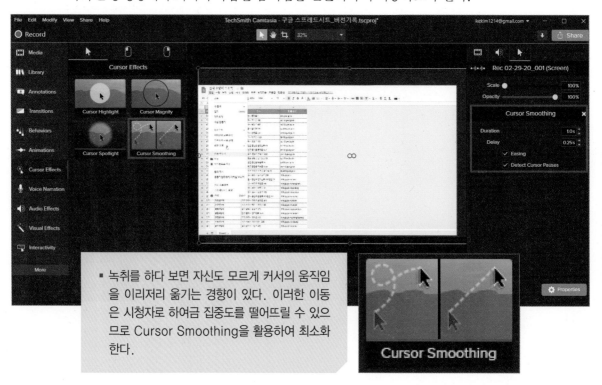

▪ 녹취를 하다 보면 자신도 모르게 커서의 움직임을 이리저리 옮기는 경향이 있다. 이러한 이동은 시청자로 하여금 집중도를 떨어뜨릴 수 있으므로 Cursor Smoothing을 활용하여 최소화한다.

Cursor Smoothing

5 Left-click effect

마우스 왼쪽 클릭을 했을 때 커서에 강조 효과를 줄 수 있다.

5-1 Rings

커서 중심에서부터 생긴 고리 모양이 점점 커지는 형태로 강조한다. 색상, 투명도, 사이즈, 테두리 두께, 시간 등을 조절할 수 있다.

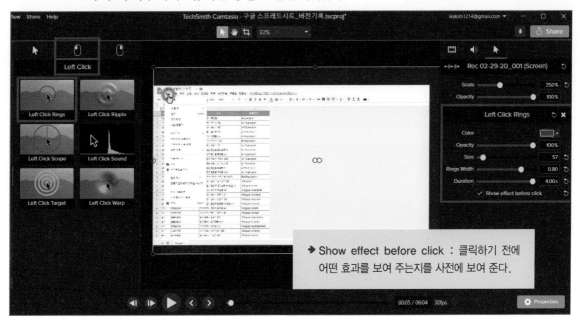

➔ **Show effect before click** : 클릭하기 전에 어떤 효과를 보여 주는지를 사전에 보여 준다.

5-2 Ripple

커서를 중심으로 해서 물결이 퍼지는 형태로 강조한다.

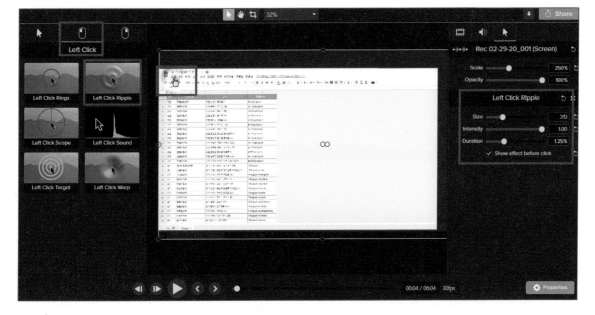

5-3 Scope

커서 중심을 기준으로 십자가 모양의 형태로 강조한다.

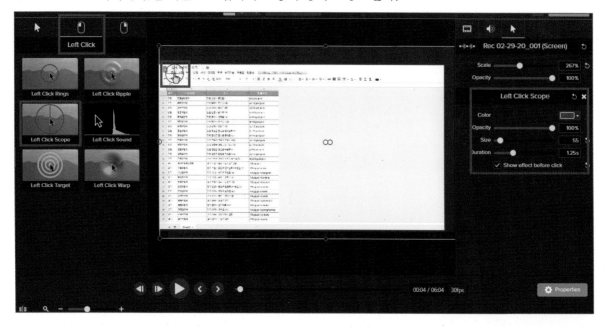

5-4 Sound

커서를 클릭 시 사운드가 나오는 방식으로 강조한다.

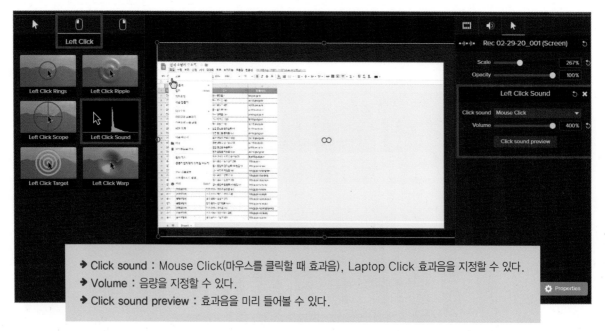

➡ Click sound : Mouse Click(마우스를 클릭할 때 효과음), Laptop Click 효과음을 지정할 수 있다.
➡ Volume : 음량을 지정할 수 있다.
➡ Click sound preview : 효과음을 미리 들어볼 수 있다.

5-5 Target

커서 클릭 시 방사형 원 형태로 강조한다. Color(색상), Opacity(투명도), Size(크기), Rings(커서 원형 크기), Duration(지속 시간) 등 조절이 가능하다.

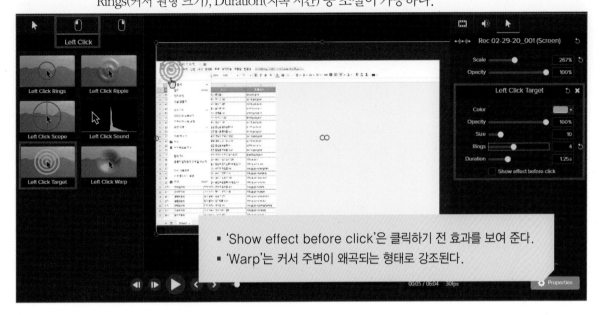

- 'Show effect before click'은 클릭하기 전 효과를 보여 준다.
- 'Warp'는 커서 주변이 왜곡되는 형태로 강조된다.

6 Right-click effect

마우스 우클릭 시 커서에 강조 효과를 줄 수 있다.(선택 가능한 옵션은 'Left-click effect'와 동일)

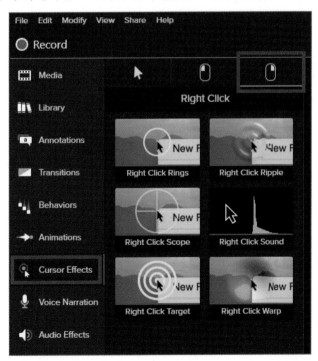

Camtasia
Voice Narration

Chapter 09

캠타시아 음성
Camtasia Voice Narration

- 미리보기 화면으로 재생되는 영상에 맞춰 내레이션을 녹음하는 기능이다.
- 녹음된 내레이션의 위치를 조절하여 싱크를 맞출 수 있다.

01 보이스내레이션 녹음하기

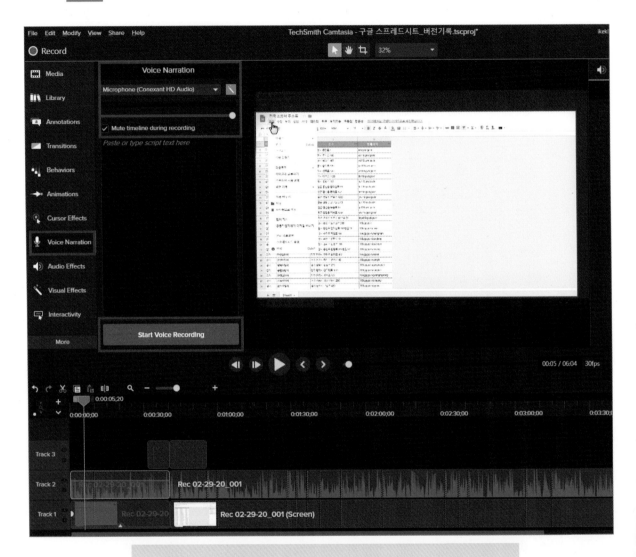

- 보이스내레이션 녹음할 영상을 Media Bin으로 가져와서 타임라인으로 Drag & Drop한다.
- "Start Voice Recording"을 클릭하면 영상이 재생되면서 보이스내레 이션 녹음이 시작된다.
- 'Mute timeline during recording'을 체크하면 녹음 중에는 타임라 인을 묵음화시킨다.

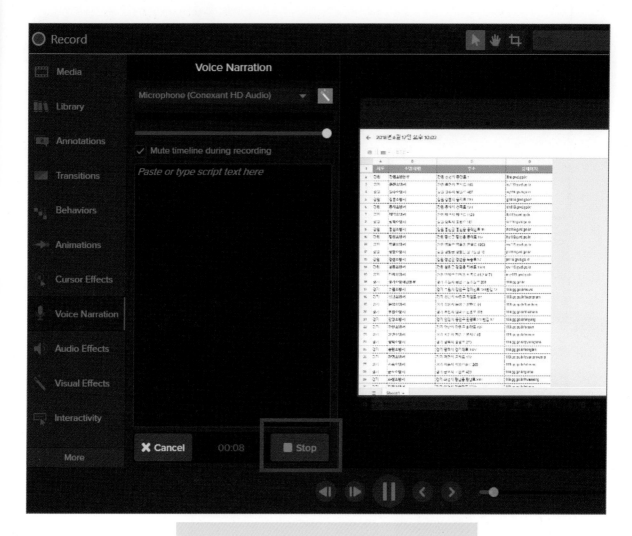

- 캔버스에서 플레이되고 있는 동영상을 보고 녹음한다.
- 녹음 중에는 녹음 시간이 표시된다.
- 녹음을 마치려면 "Stop" 버튼을 클릭한다.

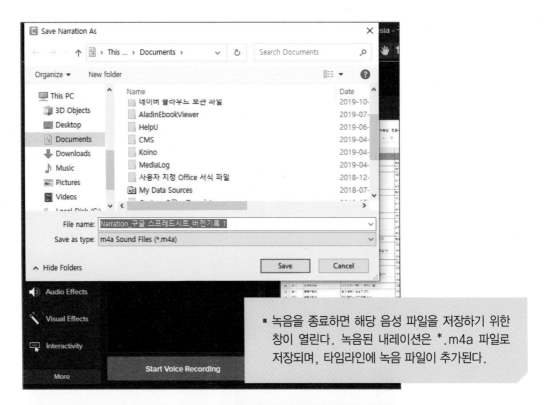

▪ 녹음을 종료하면 해당 음성 파일을 저장하기 위한 창이 열린다. 녹음된 내레이션은 *.m4a 파일로 저장되며, 타임라인에 녹음 파일이 추가된다.

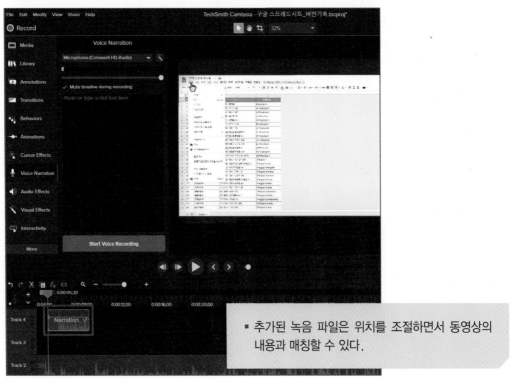

▪ 추가된 녹음 파일은 위치를 조절하면서 동영상의 내용과 매칭할 수 있다.

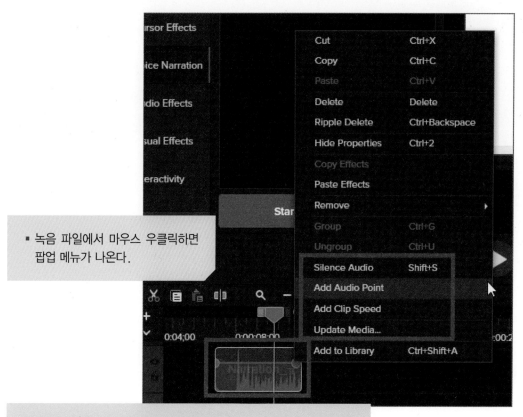

- 녹음 파일에서 마우스 우클릭하면 팝업 메뉴가 나온다.

➜ Silence Audio : 녹음 파일의 소리를 없앤다.
➜ Add Audio Point : 녹음 파일에 오디오 포인트로 소리를 조절할 수 있다.
➜ Add Clip Speed : 녹음 파일의 음성 속도를 조절할 수 있다.
➜ Update Media : 동영상, 이미지, 오디오 등을 선택한 자리에 가져올 수 있으나 동일한 형태의 파일이 아닌 경우 별도의 팝업으로 재확인한다.

Camtasia
Audio Effects

Chapter 10

캠타시아 오디오 효과
Camtasia Audio Effects

- 오디오에서 최대한 잡음을 없앨 수 있다.
- 점점 크게, 점점 작게 오디오를 조절할 수 있다.
- 오디오의 속도를 조절하여 음성 변형을 할 수 있다.

01 Audio Effects

잡음 제거, 볼륨 조절, 점점 크게(작게), 오디오 속도 등을 조절할 수 있다.

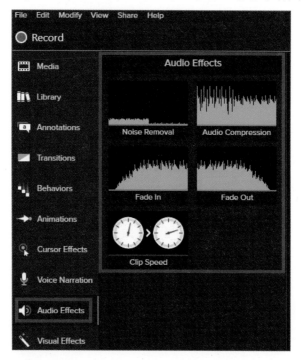

1 Noise Removal

잡음을 일부 없애 주지만 자연스러운 면이 다소 없어진다.

→ Gain : %가 높을수록 음성이 커진다.
→ Sensivility : 잡음을 없애 주는 민감도로,
  −20~+20으로 조절하면서 결정하도록 한다.

2 Audio Compression

일정 레벨의 볼륨으로 만들어 준다.

➡ **Volume variation** : Custom/High/Medium/Low를 선택할 수 있다.

3 Fade In / Fade Out

타임라인의 선택 영역 볼륨을 점점 크게 / 점점 작게 설정한다.

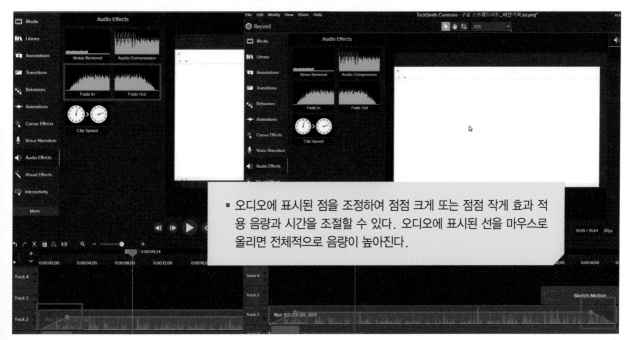

▪ 오디오에 표시된 점을 조정하여 점점 크게 또는 점점 작게 효과 적용 음량과 시간을 조절할 수 있다. 오디오에 표시된 선을 마우스로 올리면 전체적으로 음량이 높아진다.

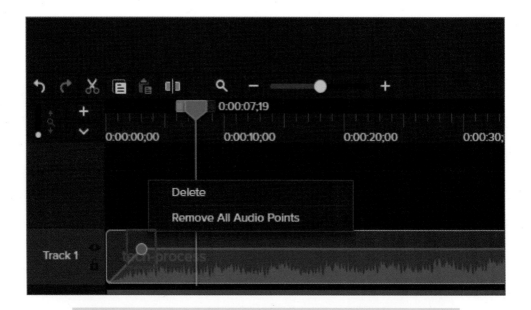

→ **Delete** : 점점 소리가 커져서 원래 음량으로 나오는 포인트를 삭제할 경우 아래와
같이 마지막 부분의 포인트까지 소리가 점점 커지는 효과를 나타낸다.

4 Clip Speed

오디오 속도를 조절할 수 있다.

Tip

저자는 전산 관련학과 혹은 디자인 관련학과를 전공하지 않았다. 하지만 현재 MS OFFICE 및 『구글 활용 전문가 되기』, 『캠타시아 활용 전문가 되기』 등 다양한 IT 플랫폼을 활용하여 효율적인 경영에 적극적으로 응용하고 있다.

현재 가용한 IT 활용 분야를 제시함으로써 비전공자더라도 자신이 처한 환경에서 얼마든지 IT 응용 플랫폼을 활용하여 효율적인 업무가 가능하며, 다양한 방법으로 응용이 가능하므로 안내해 본다.

- G-Suite 활용 : 구글 기업형 플랫폼, 전자결재, 재고관리, 공유협업체계 등 Digital Transformation 역량
- Camtasia 활용 : 동영상 기획, 제작, 편집, 배포, 피드백(2003년부터 사용)
- Thinkwise 활용 : 마인드 맵을 활용한 기획, 공유 협업, 프레젠테이션(2001년부터 사용)
- WIX/Wordpress 활용 : 전문적인 홈페이지 제작 역량(모바일 홈페이지 포함)
- Doodly 활용 : 웹툰형 애니메이션 제작도구
- e-commerce 활용 : 웹쇼핑몰 제작 등 전반적인 프로세싱 이해 및 전문적인 운영 가능(오픈마켓 직접 운영)
- MS-Office 활용 : 엑셀, 파워포인트 전문가 수준
- SNS 활용 : 페이스북, 트위터, 인스타그램, 구글 애널리스틱 등 운영 가능

Chapter 11

캠타시아 보기 효과
Camtasia Visual Effects

- 동영상의 컬러 톤, 그림자 등을 조절할 수 있다.
- 노트북, 휴대폰 등 특정한 디바이스에 동영상을 배치할 수 있다.
- 클릭 후 설정된 바에 따라 쌍방향 효과를 낼 수 있다.
- 크로마키를 활용하여 색상을 제거할 수 있다.

01 비주얼 이펙트(Visual Effects)

비주얼 이펙트(Visual Effects, 보기 효과) 기능을 이용하여 동영상, 이미지를 보다 생동감 있게 표현할 수 있다.

→ Drop Shadow : 외곽의 지정된 부분에 그림자 색상 및 사이즈를 조절할 수 있다.

→ Border : 테두리의 색상 및 두께를 조절할 수 있다.

→ Colorize : 색상과 농도를 조절할 수 있다.

→ Color Adjustment : 색상의 밝기, 대비, 채도를 조절할 수 있다.

→ Remove a Color : 색상을 제거할 수 있다.

→ Device Frame : 동영상, 이미지를 모니터 디바이스 안에 배치할 수 있다.

→ Clip Speed : 속도를 조절할 수 있다.

→ Interactive Hotspot : 쌍방향으로 반응하는 핫스팟을 구성할 수 있다.

1 Drop Shadow

외곽의 지정된 부분에 그림자 색상 및 사이즈를 조절할 수 있다.

> ➔ **Angle** : 9개의 위치 중 하나를 선택하여 그림자를 지정하고 각도를 조절할 수 있다.
> ➔ **Color** : 색상을 설정할 수 있다.
> ➔ **Offset** : 오프셋 기능으로 그림자의 위치를 조절할 수 있다.
> ➔ **Opacity** : 투명도를 조절할 수 있다.
> ➔ **Blur** : 흐림 정도를 조절할 수 있다.

1-1 Angle의 위치가 좌상단일 경우

1-2 Offset 값이 0인 경우

1-3 Offset 값(250) / Color(노란색) / Opacity(40%) / Blur(10%)인 경우

2 Border

테두리의 색상 및 두께를 조절할 수 있다.

> ▪ Thickness는 0~10까지 줄 수 있다. 0은 테두리가 없으며, 이미지는 10의 값을 준 경우이다.

3 Colorize

색상과 농도를 조절할 수 있다.

> ▪ Color 선택은 컬러판에서 선택한 후 지정하거나 컬러 코드를 넣어 주면 된다. 이미지는 Amount 값을 100% 준 경우이다.

4 Color Adjustment

색상의 밝기, 대비, 채도를 조절할 수 있다. Brightness 값은 -100~+100이며, 아래 이미지
는 -100과 +100을 준 경우이다. (**저자직강** Contrast와 Saturation은 사례 동영상에서 설명)

5 Remove a Color

색상을 제거할 수 있다. 일반적인 이미지나 동영상에는 사용하지 않고 크로마키를 배경

으로 촬영한 동영상, 또는 단색의 배경색을 가진 이미지에서 활용된다. (**저자직강** 크로마키를 활용한 동영상 촬영 방법은 별도의 동영상으로 설명)

5-1 Tolerance 값을 0%로 하였을 때

5-2 Tolerance 값을 70% 하였을 때

6 Device Frame

동영상, 이미지를 모니터 디바이스 안에 배치할 수 있다.

6-1 Device Type : Desktop을 선택한 경우

6-2 Device Type : iPhone을 선택한 경우

6-3 Device Type : MacBook Pro를 선택한 경우

6-4 Device Type : Google Pixel을 선택한 경우

6-5 Device Type : Download More...를 선택한 경우

캠타시아 정품을 사용할 경우 개발사인 테크스미스(Techsmith)에서 제공하는 다양

한 소스를 무료로 사용 가능하다.

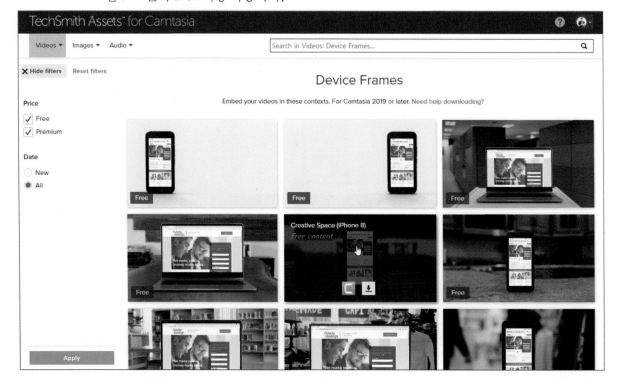

7 Clip Speed

화면의 속도가 설정된 만큼 빠르게 혹은 느리게 진행된다.

8 Interactive Hotspot

쌍방향으로 반응하는 핫스팟을 구성할 수 있다.

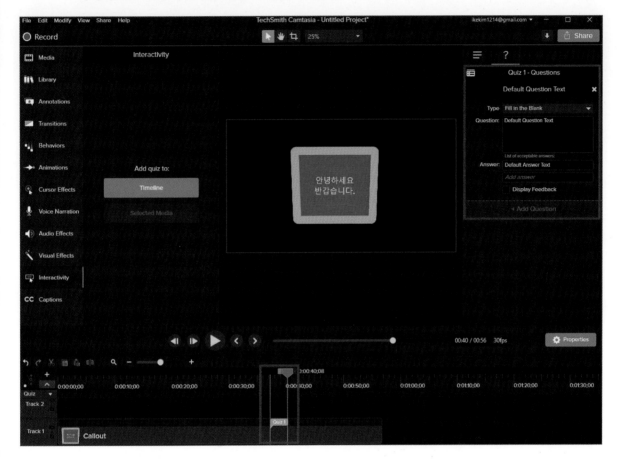

Chapter 12

캠타시아 쌍방향
Camtasia Interactivity

- 동영상의 특정 위치에 퀴즈를 지정할 수 있다.
- 객관식, 주관식, OX 선택형 등 다양한 퀴즈 형식이 가능하다.
- 퀴즈 평가 결과를 활용할 수 있다.

01 퀴즈 추가(Add quiz to)

영상에 퀴즈를 삽입하여 시청자들이 참여하는 쌍방향 참여 효과를 만들 수 있다.

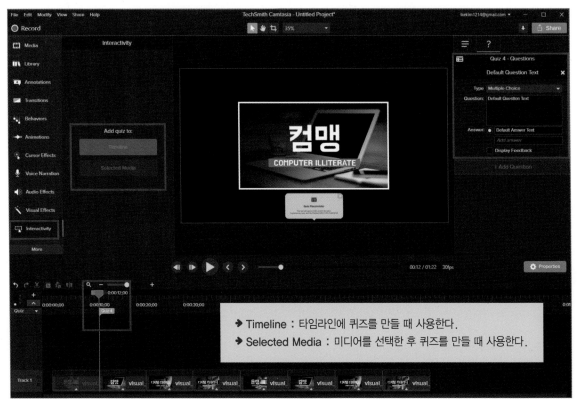

➔ Timeline : 타임라인에 퀴즈를 만들 때 사용한다.
➔ Selected Media : 미디어를 선택한 후 퀴즈를 만들 때 사용한다.

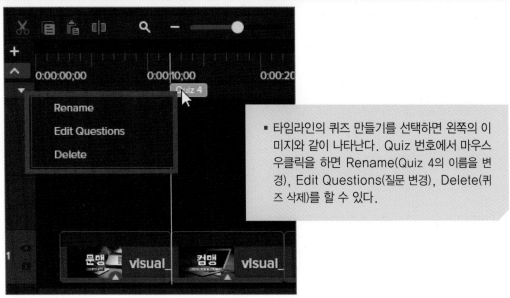

■ 타임라인의 퀴즈 만들기를 선택하면 왼쪽의 이미지와 같이 나타난다. Quiz 번호에서 마우스 우클릭을 하면 Rename(Quiz 4의 이름을 변경), Edit Questions(질문 변경), Delete(퀴즈 삭제)를 할 수 있다.

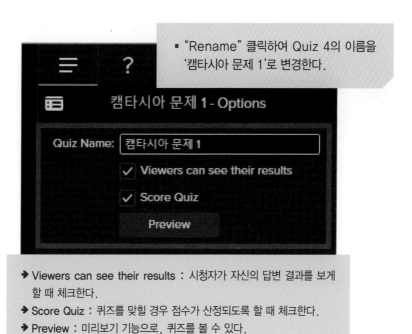

▪ "Rename" 클릭하여 Quiz 4의 이름을 '캠타시아 문제 1'로 변경한다.

→ Viewers can see their results : 시청자가 자신의 답변 결과를 보게 할 때 체크한다.

→ Score Quiz : 퀴즈를 맞힐 경우 점수가 산정되도록 할 때 체크한다.

→ Preview : 미리보기 기능으로, 퀴즈를 볼 수 있다.

▪ "?"을 클릭하면 퀴즈를 만드는 화면이 나온다.

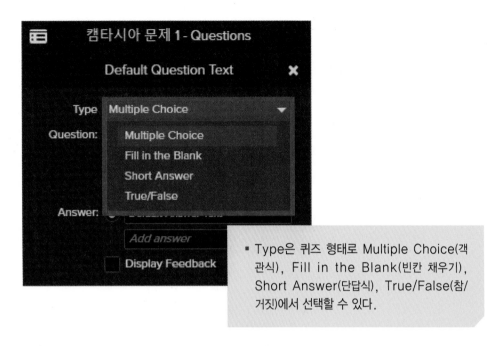

- Type은 퀴즈 형태로 Multiple Choice(객관식), Fill in the Blank(빈칸 채우기), Short Answer(단답식), True/False(참/거짓)에서 선택할 수 있다.

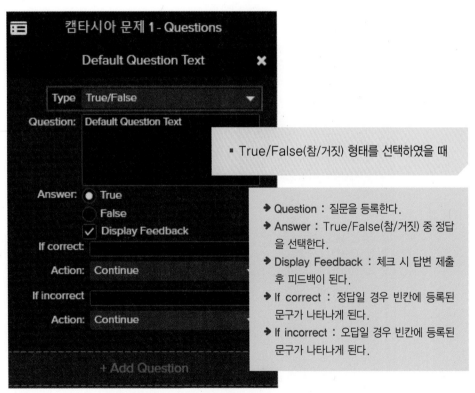

- True/False(참/거짓) 형태를 선택하였을 때

→ Question : 질문을 등록한다.
→ Answer : True/False(참/거짓) 중 정답을 선택한다.
→ Display Feedback : 체크 시 답변 제출 후 피드백이 된다.
→ If correct : 정답일 경우 빈칸에 등록된 문구가 나타나게 된다.
→ If incorrect : 오답일 경우 빈칸에 등록된 문구가 나타나게 된다.

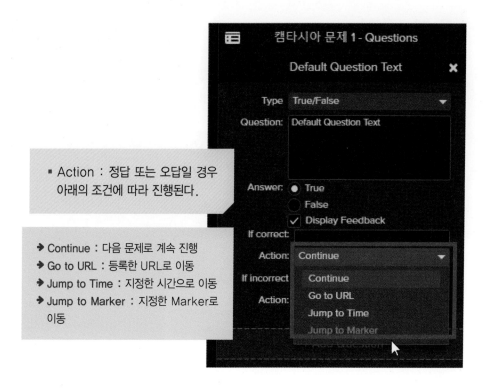

- Action : 정답 또는 오답일 경우 아래의 조건에 따라 진행된다.

➜ Continue : 다음 문제로 계속 진행
➜ Go to URL : 등록한 URL로 이동
➜ Jump to Time : 지정한 시간으로 이동
➜ Jump to Marker : 지정한 Marker로 이동

02 퀴즈 점검

퀴즈를 만들고 "See how Quiz looks to your viewer.."를 클릭하면 아래의 이미지처럼 퀴즈를 사전에 점검할 수 있다.

Tip

철저하게 확인하고 이상이 없을 때 최종적으로 동영상으로 만든다.

수정이 필요할 때 원본 파일(파일명.camrec), 편집 효과 파일(파일명.tscproj)로 수정한 후 인코딩 과정을 거치고 이를 다시 공유하기 위하여 screencast.com 등에 업로드해야 하는 번잡스러운 과정을 거쳐야 하기 때문이다. 철저히 확인하는 것이 시간을 효율적으로 활용하는 지름길이다.

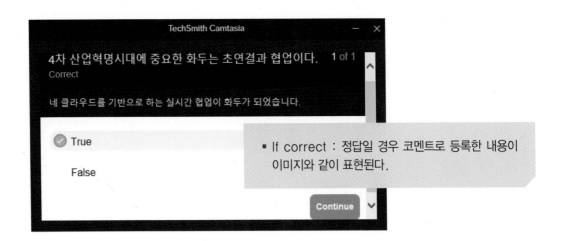

- If correct : 정답일 경우 코멘트로 등록한 내용이 이미지와 같이 표현된다.

- If incorrect : 오답일 경우 코멘트로 등록한 내용이 이미지와 같이 표현된다.

잠깐!

퀴즈를 제작하여 만든 쌍방향 동영상의 경우 유튜브에 업로드하였는데 작동을 하지 않는다면 별도의 서버 혹은 screencast.com 등을 활용해야 한다. (**저자직강** 동영상에서 자세히 설명)

Chapter 13

캠타시아 캡션
Camtasia Caption

- 동영상에 자막을 등록할 수 있다.
- 자막을 분리, 통합, 삭제할 수 있다.
- 자막의 지속 시간 등을 설정할 수 있다.

01 캡션(Caption)

영상에 텍스트 자막을 삽입 또는 자막 파일을 가지고 올 수 있다.

1 "+ Add Caption" 클릭

자막을 추가할 수 있으며, 자막의 위치를 지정할 수 있다.

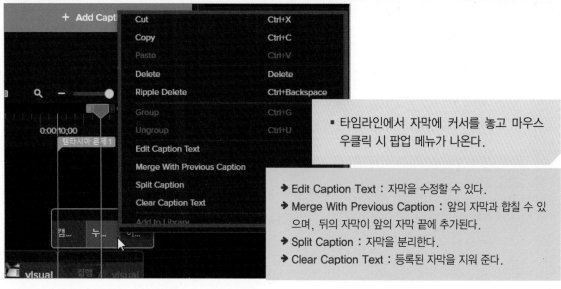

- 타임라인에서 자막에 커서를 놓고 마우스 우클릭 시 팝업 메뉴가 나온다.

➔ Edit Caption Text : 자막을 수정할 수 있다.
➔ Merge With Previous Caption : 앞의 자막과 합칠 수 있으며, 뒤의 자막이 앞의 자막 끝에 추가된다.
➔ Split Caption : 자막을 분리한다.
➔ Clear Caption Text : 등록된 자막을 지워 준다.

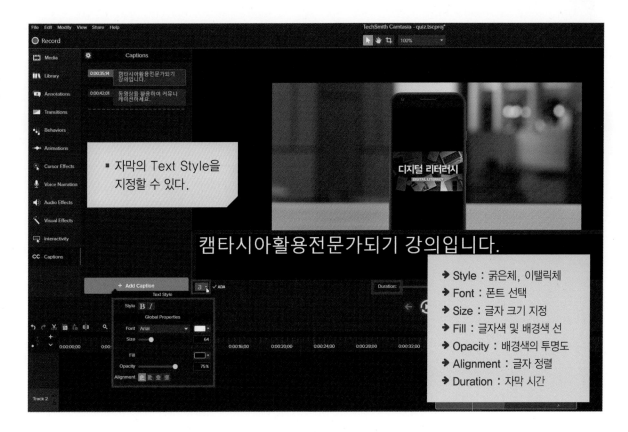

- 자막의 Text Style을 지정할 수 있다.

➔ Style : 굵은체, 이탤릭체
➔ Font : 폰트 선택
➔ Size : 글자 크기 지정
➔ Fill : 글자색 및 배경색 선
➔ Opacity : 배경색의 투명도
➔ Alignment : 글자 정렬
➔ Duration : 자막 시간

2 설정 아이콘을 활용, 필요한 설정을 줄 수 있다.

- Split current caption : 현재 자막이 나눠지며, 자막이 있을 경우 기존 자막이 복사된다.
- Merge with previous caption : 앞 자막과 합쳐진다.
- Merge with next caption : 다음 자막과 합쳐진다.
- Extend duration : 자막의 시간을 늘려 준다.
- Shorten duration : 자막의 시간을 줄여 준다.

2-1 Split current caption

현재 자막이 나눠지며, 자막이 있을 경우 기존 자막이 복사된다.

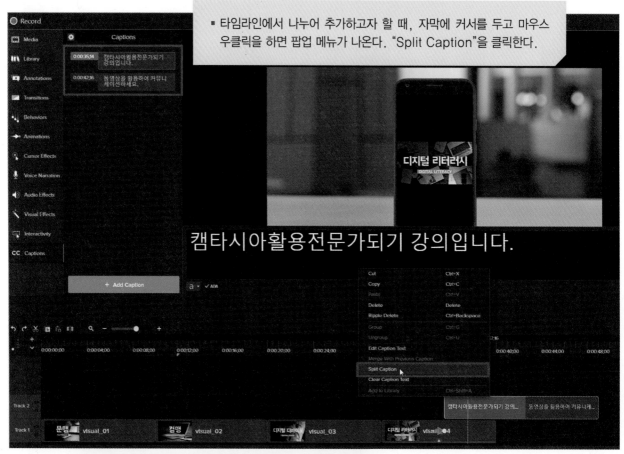

▪ 타임라인에서 나누어 추가하고자 할 때, 자막에 커서를 두고 마우스 우클릭을 하면 팝업 메뉴가 나온다. "Split Caption"을 클릭한다.

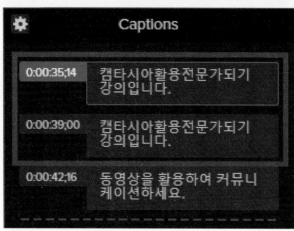

▪ 자막이 분리되어 추가되었다. 분리되기 전에 있었던 자막 문구 "캠타시아활용전문가되기 강의입니다."는 복사되어 있다.

2-2 Merge with previous caption

앞 자막과 합쳐진다.

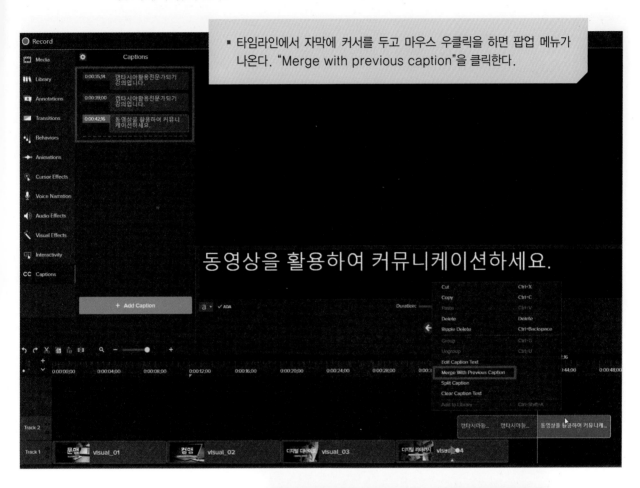

▪ 타임라인에서 자막에 커서를 두고 마우스 우클릭을 하면 팝업 메뉴가 나온다. "Merge with previous caption"을 클릭한다.

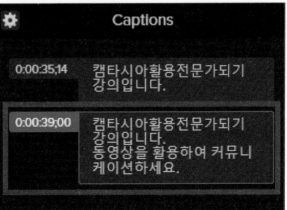

▪ "동영상을 활용하여 커뮤니케이션하세요." 자막 문구가 앞의 자막과 합쳐져 있는 것을 확인할 수 있다.

2-3 Clear Caption Text

등록된 자막을 지워 준다.

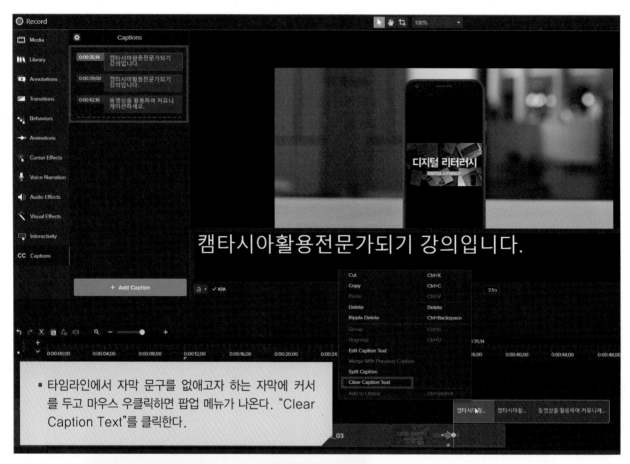

▪ 타임라인에서 자막 문구를 없애고자 하는 자막에 커서를 두고 마우스 우클릭하면 팝업 메뉴가 나온다. "Clear Caption Text"를 클릭한다.

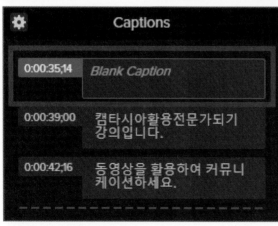

▪ 자막의 문구가 삭제된 것을 확인할 수 있다.

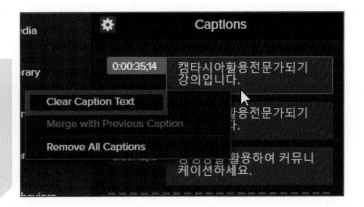

- 자막 문구를 삭제하는 또 다른 방법으로는, 자막에서 마우스 우클릭을 하면 나타나는 팝업 메뉴에서 'Clear Caption Text'를 선택하는 방법도 있다.

2-4 Edit Caption Text

자막 문구를 수정한다.

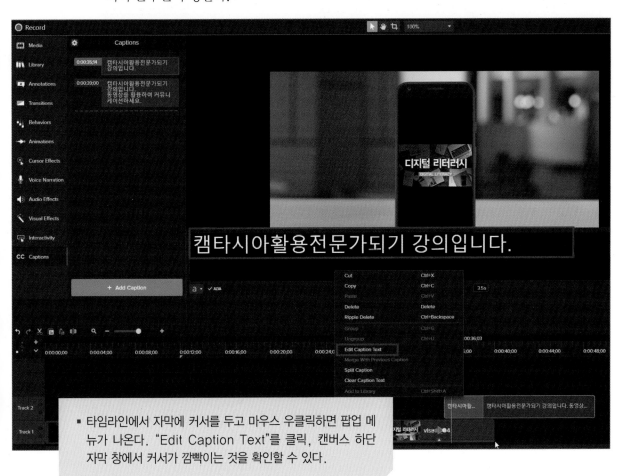

- 타임라인에서 자막에 커서를 두고 마우스 우클릭하면 팝업 메뉴가 나온다. "Edit Caption Text"를 클릭, 캔버스 하단 자막 창에서 커서가 깜빡이는 것을 확인할 수 있다.

2-5 Remove All Captions

모든 자막을 삭제한다.

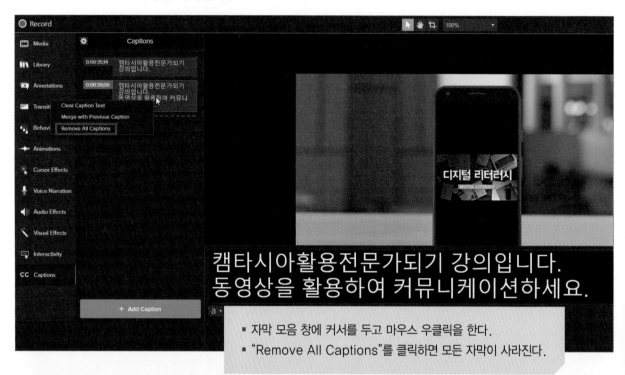

- 자막 모음 창에 커서를 두고 마우스 우클릭을 한다.
- "Remove All Captions"를 클릭하면 모든 자막이 사라진다.

- 자막의 문구가 사라지는 Clear Caption Text와는 달리 타임라인에서 자막 배치까지 사라진다.

2-6 자막의 지속 시간을 수정할 수 있다.

- 타임라인의 자막 중 시간을 수정하고자 하는 곳에 마우스 커서를 두면 양쪽 화살표가 생긴다. 이때 늘리고 줄일 수 있으며, 시간 표시는 캔버스 하단 'Duration'에서 확인할 수 있다. 여기에서 직접 입력하여 시간을 수정할 수도 있다.

Chapter 14

캠타시아 쉐어(공유)
Camtasia Share

- 편집된 동영상을 다양한 파일 형태로 생성할 수 있다.
- 유튜브, 비메오, 구글 드라이브, 스크린캐스트 등으로 업로드할 수 있다.

01 생성 공유(Share)

녹화 파일 또는 타임라인상의 모든 비디오 클립, 오디오 클립, 이미지, 효과 등을 하나의 비디오 파일로 생성한다. 이와 같은 과정을 '렌더링(Rendering)'이라고도 부른다. 렌더링은 영상의 길이와 용량에 따라 소요 시간이 상이하다. 컴퓨터 또는 노트북의 성능이 많이 떨어지는 경우라면 렌더링 중 멈추는 경우도 간혹 있을 수 있다.

1 타임라인에 작업을 마친 내용을 열어 둔 상태에서 "Share" 클릭

2 드롭다운 메뉴에서 적합한 유형 선택

드롭다운 메뉴에서 원하는 사용 방식에 적합한 유형을 선택하고 그에 맞는 형식으로 비디오를 생성한다. 원하는 유형이 없는 경우 'Custom Production'에서 직접 맞춤 설정을 할 수도 있다.

3 Custom Production 〉 New Custom Production 선택

이 경우 선택 가능한 다른 동영상 포맷이 나오며, 그중에서 선택할 수 있다. 비디오 파일 외에 별도로 음성 파일(M4A)을 생성할 수도 있다.

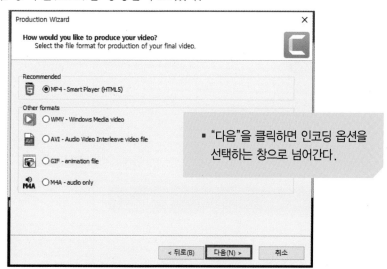

• "다음"을 클릭하면 인코딩 옵션을 선택하는 창으로 넘어간다.

4 탭을 체크하여 선택

Controller, Size, Video settings, Audio settings, Options 탭을 체크하여 선택한다. 현 상태 그대로 두고 사용해도 무방하다.

4-1 Controller

➔ **Produce with controller** : 동영상을 제어할 수 있는 메뉴 바를 나타내게 한다.
➔ **Auto-hide controls** : 동영상 출력 시 메뉴 바가 자동으로 숨겨지는 기능
➔ **After video** : 'Stop with Replay button'은 동영상 출력이 완료된 후 재동작 버튼으로 멈추는 것
➔ **Loop playback** : 계속 반복되어 동영상을 출력
➔ **Go to URL** : 지정된 URL로 이동

4-2 Size : 동영상의 사이즈를 지정할 수 있다.

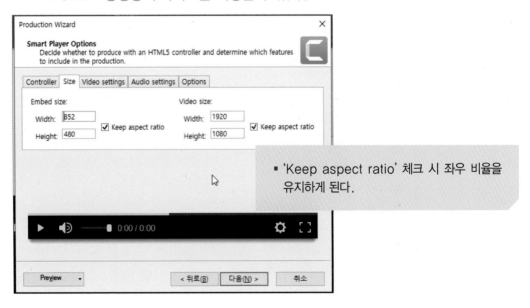

▪ 'Keep aspect ratio' 체크 시 좌우 비율을 유지하게 된다.

4-3 Video settings

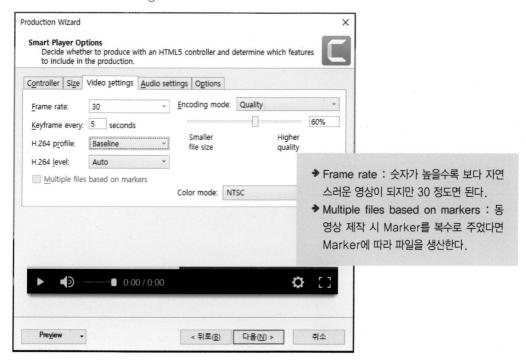

➔ **Frame rate** : 숫자가 높을수록 보다 자연스러운 영상이 되지만 30 정도면 된다.
➔ **Multiple files based on markers** : 동영상 제작 시 Marker를 복수로 주었다면 Marker에 따라 파일을 생산한다.

4-4 Options

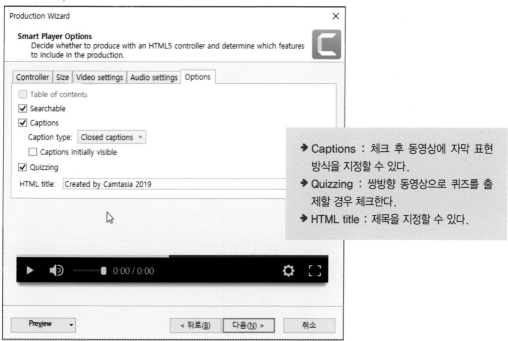

➔ **Captions** : 체크 후 동영상에 자막 표현 방식을 지정할 수 있다.
➔ **Quizzing** : 쌍방향 동영상으로 퀴즈를 출제할 경우 체크한다.
➔ **HTML title** : 제목을 지정할 수 있다.

4-5 Video Options

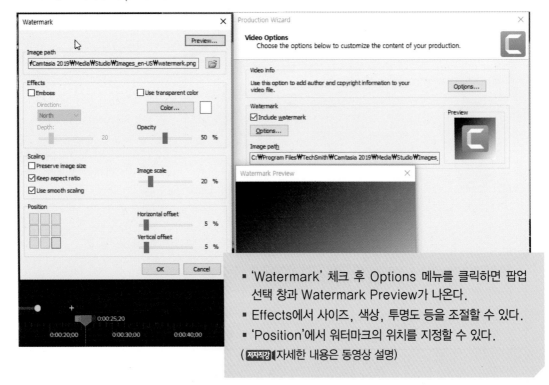

- 'Watermark' 체크 후 Options 메뉴를 클릭하면 팝업 선택 창과 Watermark Preview가 나온다.
- Effects에서 사이즈, 색상, 투명도 등을 조절할 수 있다.
- 'Position'에서 워터마크의 위치를 지정할 수 있다.
- (저자직강)(자세한 내용은 동영상 설명)

4-6 "Video info 〉 Options" 클릭

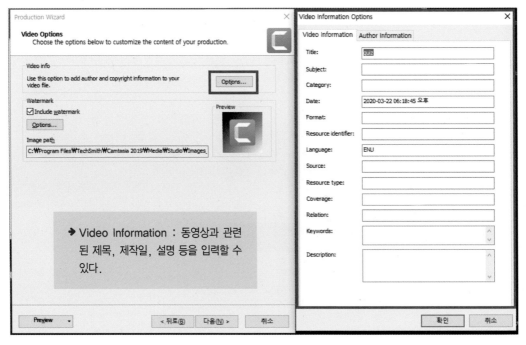

➔ Video Information : 동영상과 관련된 제목, 제작일, 설명 등을 입력할 수 있다.

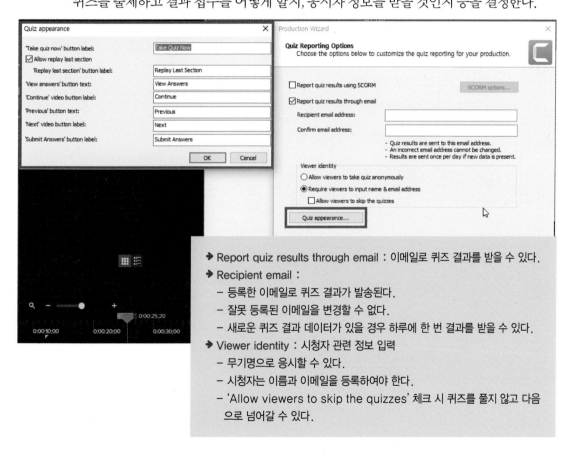

4-7 Video Options에서 "다음"을 클릭하면 Quiz Reporting Options이 나온다.

퀴즈를 출제하고 결과 접수를 어떻게 할지, 응시자 정보를 받을 것인지 등을 결정한다.

➡ Report quiz results through email : 이메일로 퀴즈 결과를 받을 수 있다.

➡ Recipient email :
 - 등록한 이메일로 퀴즈 결과가 발송된다.
 - 잘못 등록된 이메일을 변경할 수 없다.
 - 새로운 퀴즈 결과 데이터가 있을 경우 하루에 한 번 결과를 받을 수 있다.

➡ Viewer identity : 시청자 관련 정보 입력
 - 무기명으로 응시할 수 있다.
 - 시청자는 이름과 이메일을 등록하여야 한다.
 - 'Allow viewers to skip the quizzes' 체크 시 퀴즈를 풀지 않고 다음
   으로 넘어갈 수 있다.

4-8 Produce Video

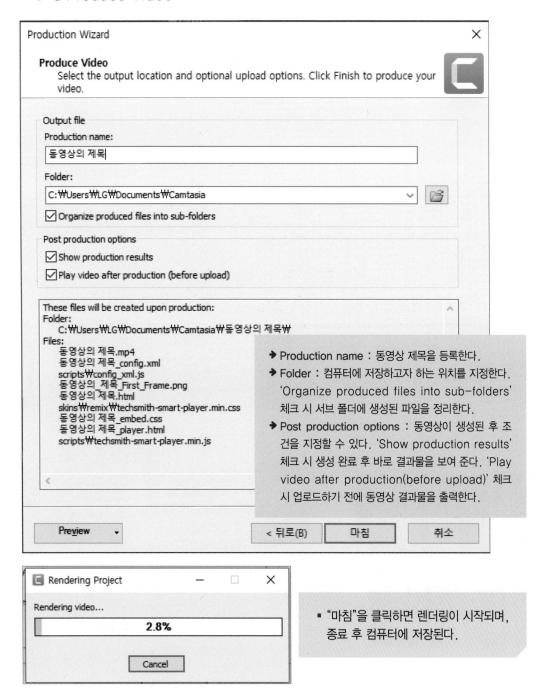

Production Wizard

Produce Video
Select the output location and optional upload options. Click Finish to produce your video.

Output file
Production name:

동영상의 제목|

Folder:

C:₩Users₩LG₩Documents₩Camtasia

☑ Organize produced files into sub-folders

Post production options
☑ Show production results
☑ Play video after production (before upload)

These files will be created upon production:
Folder:
    C:₩Users₩LG₩Documents₩Camtasia₩동영상의 제목₩
Files:
    동영상의 제목.mp4
    동영상의 제목_config.xml
    scripts₩config_xml.js
    동영상의 제목_First_Frame.png
    동영상의 제목.html
    skins₩remix₩techsmith-smart-player.min.css
    동영상의 제목_embed.css
    동영상의 제목_player.html
    scripts₩techsmith-smart-player.min.js

➔ Production name : 동영상 제목을 등록한다.
➔ Folder : 컴퓨터에 저장하고자 하는 위치를 지정한다.
  'Organize produced files into sub-folders'
  체크 시 서브 폴더에 생성된 파일을 정리한다.
➔ Post production options : 동영상이 생성된 후 조
  건을 지정할 수 있다. 'Show production results'
  체크 시 생성 완료 후 바로 결과물을 보여 준다. 'Play
  video after production(before upload)' 체크
  시 업로드하기 전에 동영상 결과물을 출력한다.

Preview ▾   < 뒤로(B)   마침   취소

Rendering Project   — ☐ ✕

Rendering video...

2.8%

Cancel

▪ "마침"을 클릭하면 렌더링이 시작되며,
  종료 후 컴퓨터에 저장된다.

잠깐!

지원되는 파일 포맷

Windows	Mac
Video Files AVI, MP4, MPG, MPEG, MTS, M2TS, WMV, MOV, SWF	**Video Files** MP4, MOV
Camtasia Recording Files TREC	**Camtasia Recording Files** TREC
Image Files BMP, GIF, JPG, JPEG, PNG, PDF	**Image Files** BMP, GIF, JPG, JPEG, PNG, PDF
Audio Files WAV, MP3, WMA, M4A	**Audio Files** AIFF, M4A, WAV, MP3
Other Files PPT, PPTX, SAMI, SRT, PDF	**Other Files** PPT, PPTX, SAMI, SRT, PDF

캠타시아의 활용

지금까지 앞에서 캠타시아를 활용하기 위한 기본 메뉴를 상세하게 다루었다. 서문에 말했듯이 캠타시아는 오랜 기간 동안 업데이트를 꾸준히 해 오면서 안정화되었고, 동영상 제작·편집·생성·공유에 있어서 상당한 장점이 있다고 본다.

캠타시아로 동영상을 생산하여 CRM, 경영 효율화, 기업문화교육 및 정착, 인사평가, 영업마케팅 교육, 강의 등 사용자의 업무 분야 및 사용 의도에 따라 그야말로 무궁무진한 분야에서 활용할 수 있다. 자세한 사례는 동영상에 지속적으로 업데이트할 것이며, 향후 도서 구입자만을 위한 별도의 커뮤니티도 마련할 예정이다.

본 '캠타시아 활용편'에서는 활용 사례를 중심으로 다룬다. 이를 구현하는 방식을 고민해 보고 함께 공유하여 상생하는 커뮤니티를 구축하고자 한다. 아울러 자격증을 마련하여 객관적인 증빙이 될 수 있도록 준비할 예정이다.

II
활용편

Camtasia

Camtasia 활용 1
수업용 동영상 활용 가이드

　대학교에서 강의할 때 동영상을 최대한 활용하는 편이다. 고학년의 경우 취업 등으로 인하여 결석하는 학생도 많고, 시험을 대신하여 별도의 과제를 제시할 경우 이는 변별력에서 차이가 있을 수 있으므로 수업에 참여한 학생과 취업으로 인해 부득이하게 참여하지 못한 학생의 학점을 두고 다소의 오해를 불러일으킬 수도 있음을 보았기 때문이다.

　수업은 현장에서 생생하게 진행, 적극적인 질의와 답변으로 이루어지는 것이 좋으나 실제 현장에서 교육하다 보면 학생들의 학습력 편차로 인해 수업 방향을 정할 때 어려움을 겪기도 한다. 이러한 상황에서 수업 이외에 제공되는 동영상은 현장 수업에서 부족한 부분을 학생 스스로 보강할 수 있게 한다. 또한 15회차로 구성된 학기별 커리큘럼의 학습 강도를 유지할 수 있는 좋은 방법이기도 하다.

　저자의 경우 수업시간별로 쪽지시험을 출제하고 출제된 시험이 즉시 엑셀 형태의 구글 스프레드시트에 저장되어 필요에 따라서 시험 응시자에게 점수는 물론 오답 여부와 해설이 등록된 이메일로 자동 발송, 학생들은 시험을 치르면 즉시 발송되는 시스템에 놀라기도 했다. 이러한 절차는 투명하고, 학점 부여에 대한 신뢰성을 높일 수 있는 방안이기도 하다.

　현장 수업을 동영상으로 촬영하여 사용할 수도 있으나 시청하는 입장에서 본다면 다소 불편할 수도 있다. 따라서 별도의 공간에서 손쉬운 방법으로 필요한 학습 부분만을 동영상 제작하여 활용한다면 효율적인 학사 운영이 될 것이다.

　동영상을 활용한 원격 교육은 동영상 제작자의 입장뿐만 아니라 운영하는 입장에서도 쉬운 과정은 아니다. 일방향으로 전달하는 동영상의 경우 자칫 참여도를 높이지 못하는 수도 있고, 다양한 학습 인지도에서 차이를 가진 시청자의 경우 동일한 동영상을 보면서 궁금한 점에 질의할 때 이를 채팅 등의 수단으로 답변하는 것도 쉬운 일이 아니다.

오프라인의 대면 방식에서는 표정 등 다양한 방식으로 이해도를 체크하고 현장 분위기를 보면서 대처할 수 있다. 하지만 온라인 동영상은 말 한 마디 한 마디가 고스란히 무한 시청이 될 수도 있다는 가정은 부담스러움이 배가될 수밖에 없는 것이다.

동영상에 Interactive Hotspot을 설정하여 동일한 영상이라더라도 개인의 학습 이해도에 따라 답변을 맞춤으로써 계속 다음 과정을 진행할 수도 있다. 오답의 경우 별도의 동영상, 혹은 자료를 재학습하여 과정을 이해할 수 있도록 한다면 어떨까? 오히려 대면식 오프라인 강의보다 효율적이며, 교수자 및 학습자의 입장에서도 상당히 효율적일 수가 있다. 또한 원활한 동영상 서비스를 위한 각종 장치 및 트래픽에 대비한 서버 증설 등으로 부가되는 비용을 대폭적으로 절감할 수 있다.

『캠타시아 활용 전문가되기』는 기본 메뉴에 대한 충실한 이해를 바탕으로 동영상을 통해 보다 쉽게 이해할 수 있도록 구성하였다. 즉, 활자로만 그치는 것이 아니라 다양한 동영상 및 생동감 있는 자료를 통한 동영상 활용 방법을 체험 방식으로 이해할 수 있다.

1. 15회차 학기별 동영상을 제작한다.

2. 제작된 동영상은 예습이 될 수 있도록 공유 혹은 수업 이후 공개한다. (교수님 재량)

3. 예습을 한 학생은 학습 여부 및 성과를 제출할 수 있도록 한다. (가점 부여)

4. 제출된 성과를 바탕으로 수업 시 개인별 이해도를 기준으로 수업을 진행한다. 기본 수업을 진행하되 수업시간에 개인별 학습 이해도를 고려한 맞춤형 수업을 진행한다. 맞춤형 진행을 위해서는 필요시 Interactive Hotspot 방식으로 동영상을 제공한다.

5. 혹은 '구글 설문폼'을 활용하여 수업 시간 중 쪽지시험에 참여하도록 해 이해도를 지속적으로 모니터링하고, 긴장감을 유지하도록 한다.

6. 수업이 마무리될 즈음 전반적인 평가를 시행하고 자동으로 처리되도록 한다. 만약 Interactive Hotspot 방식으로 동영상을 제공하였다면 결과 내용을 접수하여 반영한다.

> 7. 회차별로 수집된 평가 정보를 바탕으로 보완 동영상을 제작하거나 학습력이 많이 떨어지는 학생에게는 개인 맞춤형 동영상을 지원한다. 평가 방식은 상기 설명한 방식을 따른다.

이러한 절차를 통한 학점 부여 시, 불만 사항은 거의 접수되지 않는다. 정말 열심히 했으나 아쉬움이 남는 학생의 경우라도 학점 부여의 근거 있는 설명이 가능하게 된다. 아울러 참여 기회를 다양한 방법으로 줄 수 있으므로 의지가 있는 학생은 설령 조기 취업이 된 경우라도 참여가 가능하게 되며, 차별을 두지 않아도 된다.

동영상을 활용한 수업은 이제는 선택이 아닌 필수가 되었다. 과거의 역사가 문장으로 종이에 저장되었다면 앞으로의 역사는 동영상과 같은 디지털 콘텐츠로 시간이 지남에 따라 그 가치가 더 더욱 높아질 것이다. 과거 교수님의 노트가 노하우였다면 현재 교수님의 제작 동영상은 지속적인 노력과 연구로 업그레이드되어 가는 과정이 될 것이다.

Tip ⬛

제작된 동영상이 있다면 이를 활용하는 방법은 무궁무진하다!

1. 유튜브에 등록하여 제공하는 방법
2. 이러닝(LMS : Learning Management System)으로 구축하는 방법
   – 이러닝 구축은 다소 비용이 소요되는 독립형 혹은 임대형 등이 있다.
   – 이러닝 프로그램 관련 설명은 저자의 유튜브 채널 '김익순 강사'에서 참고한다.

신입사원이 입사했으나 어떤 내용을 어떤 방식으로 지도할지 상당한 어려움이 있다. 대기업이 아닌 이상 교육을 전담하는 부서도 별도로 준비되어 있지 않은 경우가 많다. 그러다 보면 어떤 상황에서는 신입사원 교육이 원만하게 이루어지나 그렇지 않을 때도 있다.

이러한 상황이 신입사원 교육에만 해당될까? 경력사원도 처음 새로운 회사에 오면 익숙하지 않아 실수도 많고 적응하는 데 어려움이 있게 마련이다. 이럴 때 동영상 중심으로 구축된 '온라인 교육센터'가 운영된다면 어떨까?

별도의 운영자도 필요하지 않다. 각 분야의 전문가가 자신의 직무 역량을 동영상으로 제작하여 이를 클라우드 기반의 온라인 교육센터에 업로드하면 그만이다. 물론 처음에는 '온라인 교육센터'의 메뉴 구성 및 구축은 필요하다. 이를 위한 방법은 필자의 다른 도서인 『구글 활용 전문가 되기』에서 '구글 사이트 만들기'를 참조하기 바란다. 그렇게 하면 '온라인 교육센터'의 구축 및 메인터넌스 비용은 제로에 가깝다.

온라인 교육센터를 구축한 후 하나씩 구성 카테고리를 추가할 수도 있으며, 개별 동영상을 활용하다가 일정수가 넘어서면 온라인 교육센터를 구축하는 방법도 가능하다. 회사의 여건에 맞춰 운영해 나가면 된다.

다음의 이미지는 구글 무료 사이트를 활용하여 구성한 다양한 포맷으로 제작이 가능하다. 메뉴바는 상단 혹은 좌측에 배치할 수 있다. 폰트·색상·디자인 등을 선택하여 반영할 수 있으며, 어떠한 제약도 없이 즉시 반영된다. 미디어 콘텐츠만 준비되어 있다면 얼마든지 사이트 운영은 구글을 활용할 경우 별도의 비용없이 가능하다. 저자의 『구글 활용 전문가 되기』 책을 참고할 수 있다.

동영상은 직접 사이트에 노출되어 시청할 수도 있으며, 구글 드라이브 혹은 유튜브

등으로 링크하여 표현할 수도 있다. 장점은 어느 방식이든 별도의 트래픽 혹은 동영상 업로드에 의한 과금이 없다.

아래의 이미지는 실제 구글 사이트를 활용하여 동영상과 연계한 사례이다. 로고 및 파비콘 등을 삽입할 수 있기 때문에 자체 교육 사이트로는 손색이 없다. 다만 진도 관리, 수료증 발급 관리 등을 희망한다면 이러닝 시스템을 구축 혹은 도입하여야 한다. 언젠가 구글에서 관련된 기능을 제공할 수도 있지 않을까 생각한다.

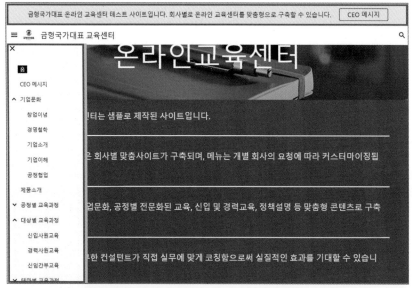

* '온라인 교육센터' 구축을 위한 샘플사이트를 원하시는 분은 admin@career365.org 로 희망 내용을 자유롭게 보내 주시면 발송하신 지메일에 사본을 만들어서 전해드리겠습니다. 컨설팅이 필요할 경우 위의 메일로 문의하여 주시면 답변드립니다.

Camtasia 활용 3
각종 정책 안내 활용 가이드

창업을 하든 기업을 운영하든 임직원 간의 원활한 소통은 대단히 중요하다. 소통에서 그치는 것이 아니라 협업으로 간다면 더할 나위 없는 경쟁력이 될 것이다. 시차를 둔 협업에서 만족하는 것이 아니라 실시간 협업까지 간다면 이는 귀사만의 상당한 경쟁력이 될 수 있을 것이다.

'소통+공유+실시간 협업'이야말로 4차 산업혁명시대의 초연결에 가장 걸맞는 경쟁력 있는 요소라 할 수 있다. 이러한 경쟁력의 근간에는 효율적인 소통 방식이 있어야 할 것이다. 문장, 이미지만으로는 이해하는 데 많은 시간이 걸린다. 동영상이야말로 빠르고 정확한 소통 방식이다.

우리는 이미 많은 정보를 동영상 형태로 입수하고, 실시간으로 이해하며 공감하고 있다. 하지만 이러한 현실을 따라잡고 활용하기 위해서는 동영상을 제작할 줄 알아야 함은 당연하다.

기업 내부 임직원 간 소통, 고객과의 소통, 발주처와의 소통 등 이 모든 것이 기업의 발전을 좌지우지하는 변수다. 임직원의 일치되고 단합된 결속력을 만들기 위해서 과거에는 신입사원 입문교육, 간부교육, 임원진교육, 사장단교육 등 다양한 오프라인 교육이 진행되었다. 물론 현장에서 과정에 대한 참여 정도를 모니터링하면서 교육적 효과를 높이는 방법도 있지만 작금의 현실을 고려할 때 가성비 있는 교육방법을 강구해야 하는 것은 이미 역량을 인정받을 수 있는 좋은 기회가 될 것이다.

영업 마케팅 관련 각종 정책, 개정된 회사 규정, 새로운 제품에 대한 설명, CEO 등 경영진의 메시지 등을 전달하고 이를 제대로 이해하였는지를 체크하는 하는 것은 대단히 중요한 과정이라고 할 수 있다.

현재까지도 행하는 오프라인의 한 공간에 참여한 교육생을 대상으로 종이를 나누어 주고 평가를 접수하는 것은 고루한 방식이다. 하지만 아직도 수많은 교육부서에서 이러한 방법을 고수하고 있다. 심지어 이 평가서를 걷어 엑셀에 정리하는 과정이 마치 소중한 보물을 잘 다루는 것인 양 착각하는 경우도 있다.

교육에 참가하지 못했다고 해서 그 내용을 전달받기도, 제대로 이해하기도 어려워서는 안 된다. 교육 불참자의 경우 피치 못할 개인 사유도 있을 수 있으나 출장 등 회사 사정에 의해 참가하지 못한 경우도 있을 수 있기 때문이다. 즉, 교육은 온라인이든 오프라인이든 교육 후 평가를 통해 이해도를 파악하고 교육적 목적을 달성하고 있느냐를 파악하는 것이 대단히 중요하다.

아래의 방법을 보자.

1. 사전 교육 대상자에게 참가신청폼을 접수 받는다. 필요시 신청폼에는 기본적인 이해도를 측정할 수 있는 평가를 시행한다.
2. 접수된 참가신청폼을 기준으로 참여자의 이해도를 사전 인지하고 교육 방향을 설정한다.
3. 오프라인 강의장에 참석 시 안내문, 혹은 별도의 게시판에 QR 코드를 부착하여 현장 참가신청폼을 접수 받아 사전 참가신청자 중 실제 참가자를 자동으로 정리되도록 한다.
4. 교육 후 평가를 위한 평가폼을 QR 코드로 스캔하여 제시된 항목의 폼을 작성 후 제출하도록 안내한다.
5. 만약 교육 평가라면 점수가 자동으로 합산되어 통과 여부를 즉시 안내할 수도 있으며, 이는 투명성을 강조할 수 있게 된다.
6. 교육 참가자의 경우 해당 부서장에게 즉시 자동 고지되도록 할 수 있으며, 필요시 평가 결과도 포함할 수도 있다.
7. 현장 불참자 중 반드시 교육에 참여해야 할 대상자에게는 제작된 동영상 및 평가폼을 발송하여 상기 절차에 준하여 시행한다.

위와 같은 방법으로 오프라인 교육의 공간적·시간적 한계를 넘을 수 있도록 하며, 그 결과를 DB화하여 관리함으로써 발전적인 자료로 활용할 수 있게 된다. 아울러 교육 참여자의 현황을 시기별, 부서별, 개인별 및 평가 결과를 중앙 DB화하여 인사정책에 활용할 수도 있다.

상기 내용은 워낙 다양한 케이스를 고려할 수 있으므로 동영상을 통해 케이스별로 설명을 들을 수 있다. (**저자직강** 보다 다양하고 자세한 내용은 동영상 설명)

아래의 이미지를 교실 출입문 근처에 부착하여 출석하는 학생들이 QR 코드를 스캔, 제출 시 출석이 등록되도록 하였다. 1학기 15차수 10분씩, 출석 등록에 소요되는 시간을 절감하여 온전히 15차수를 강의할 수 있었다.

Camtasia 활용 4
각종 매뉴얼 활용 가이드

기업을 운영하기 위한 규정 매뉴얼이 문서 자료로 있다고 가정할 경우 출력된 문서는 필요한 부분을 바로 검색하고 찾아내기가 어렵고, 분실의 우려도 있으며, 시간이 지남에 따라 업데이트된 내용을 추가하고 이를 관리해야 하는 번거로움이 있다.

컴퓨터의 하드에 워드프로세서 형태로 저장이 되어 있다면 해당 소프트웨어로 오픈하여 검색할 수는 있지만 컴퓨터와 해당 소프트웨어라는 전제 조건이 있어야 가능하게 된다. 파일 형태로 주고받을 경우 어떤 자료가 최신 자료인지 혼선을 줄 수 있는 염려도 있다.

이를 근본적으로 해결하기 위한 방법은 구글 사이트에 동영상과 문서를 연계하여 제작, 구축하는 것이다. 이렇게 할 경우 수정된 내용이 즉시 반영되며, 사이트를 통해 실시간으로 업데이트되고 협업이 가능하게 된다. 이러한 방법으로 회사의 규정 매뉴얼을 디지털 형태로 활용할 수 있게 된다.

회사 규정만 가능할까?

고객에게, 바이어에게 제공되는 다양한 정보를 동영상과 함께 구글 사이트를 활용한다면 효율적인 경영 활동이 가능하게 된다.

출장 지원 시스템을 국가별로 구축하게 되면 시간이 지날수록 다양한 정보가 축적되고, 이를 활용할 수 있게 된다. 출장지에서 가까운 숙소이면서 좋은 평판을 받는 곳을 역사의 기록처럼 남기게 되고, 이를 활용한다면 최적의 출장 지원이 될 것이다. 이를 종이로 남겨 놓는다면 제대로 전파하기도 어렵고, 관리하기도 번거로워 중도에 포기할 가능성이 높다. '출장 지원시스템' 등 저자의 『구글 활용 전문가 되기』 도서 사례별 및 동영상을 참고하자.

기업의 역량 강화를 위한 사이트 예시로 별도의 홈페이지를 구성하여 보안 등급에

따라 내용을 구분하여 시청할 수 있도록 구성할 수 있다.

특정 과정에 대한 커리큘럼을 사이트로 구축하여 활용할 수 있다. 사이트에는 캘린더·지도·유튜브·드라이브·문서·시트 등 구글의 다양한 프로그램을 연결, 융합하여 활용할 수 있다.

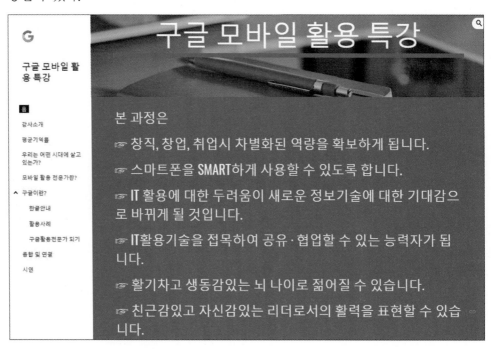

Camtasia 활용 5
동영상에
멋진 인트로(Intro) 만들기

인트로(Intro)는 제작자(사)의 특성을 나타낼 수 있는 방법이다.

안내하는 절차에 따라 직접 해 보기 바라며, 메뉴별 기능 활용은 강의 내용을 참조한다.

(저자직강 ┃ 캠타시아+모바일 어플리케이션을 조합하여 제작하는 방법은 별도 동영상으로 설명)

- 캠타시아 메뉴 Library 〉 Camtasia 2019 〉 Intro에서 제공하는 템플릿을 선택한다.
- 캠타시아에서 인트로만을 제작한 후 렌더링하여 동영상 파일로 생성한다.
- 동영상 파일을 모바일 어플리케이션(VLLO/KineMaster/PowerDirector)을 활용하여 아이콘 및 기타 소스를 추가하여 제작 후 캠타시아 Media Bin으로 가져와서 완성할 수 있다.

Tip

인트로 제작을 캠타시아로만 마무리하는 것이 아니라 여러 모바일 어플리케이션을 조합하면서 제작할 수 있다는 생각이 중요하다. 특색 있는 글자체 등도 어플리케이션을 활용하여 추가할 수 있다. 하나의 프로그램으로 완성하겠다는 생각이 아닌 각 프로그램이 가지고 있는 특성을 이해하고 필요한 기능을 적용하여 완성도를 높이는 방법이 가능하다는 생각이 중요하다. 인트로의 경우 한번 제작해 놓으면 지속적으로 활용할 수 있기 때문에 신경 써서 제작하는 것이 필요하다.

Camtasia 활용 6
동영상에 차별화된 자막 만들기

캠타시아 메뉴 Captions에서 제공하는 기능을 활용하여 특이하고 멋진 자막을 만들려고 하면 많은 시간이 소요될 수 있다. 일반적으로 적용하는 경우라면 캠타시아 자막을 그대로 사용하면 된다. 저자의 경우 빠른 시간 내에 특이한 말풍선 등을 제작할 때, 이미지에 글쓰기를 할 때 '글씨팡팡' 모바일 어플리케이션을 활용한다. 이미 템플릿화되어 있는 글씨체 중 즉시 반영하여 제작할 수 있다.

이러한 맥락으로 연결하여 작업하는 방법을 터득하는 것이 아주 중요하다. 웹 디자이너의 손길이 필요한 경우도 있으나 일반적인 경우 이러한 모바일 어플리케이션을 활용하면 무료로 제작할 수 있는 방법이 대단히 많다. 심지어 전문 디자이너에 버금가는 작업을 순식간에 마무리할 수 있는 방법도 있다. 1인 기업의 경우 이러한 연결과 협업 방식을 이해하고 활용한다면 효율적인 경영이 가능하다.

동영상뿐만 아니라 기업경영 방식에서도 원가 절감을 기반으로 하는 효율적인 경영 방식이 상당히 많다. 이러한 노하우도 기회가 될 때마다 동영상으로 설명할 예정이다.

어떠한 방식으로 융복합화하여 제작을 하든 궁극적으로 모든 조합을 완성하는 것은 캠타시아 스튜디오에서 마무리하게 되며, Share 기능으로 생산 공유하게 된다.

Camtasia 활용 7
동영상, 이미지,
오디오 효과 넣는 방법

캠타시아 정품 구입자의 경우 제공된 사이트에서 동영상, 이미지, 오디오를 다운받아 로열티 프리로 사용할 수 있다. 동영상을 제작할 때 많은 시간이 소요되는 것 중 하나가 추가 효과를 주기 위한 제작인데, 이러한 과정을 이미 잘 만들어 놓은 소스를 활용하는 것이 효율적이다.

동영상에 오디오를 추가하면 보다 생동감 있는 콘텐츠가 된다. 이러한 융복합 활용 방법은 저자가 운영하는 동영상 채널에서 참고할 수 있다. (**저자직강** 자세한 내용은 동영상 설명)

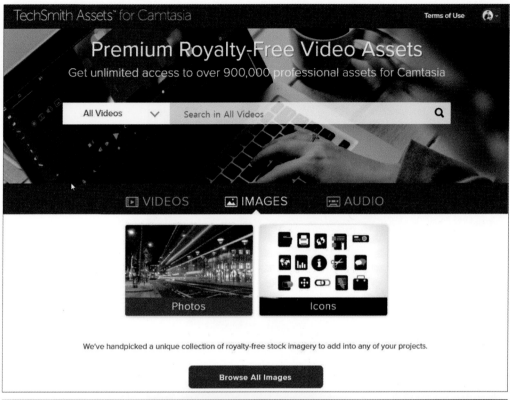

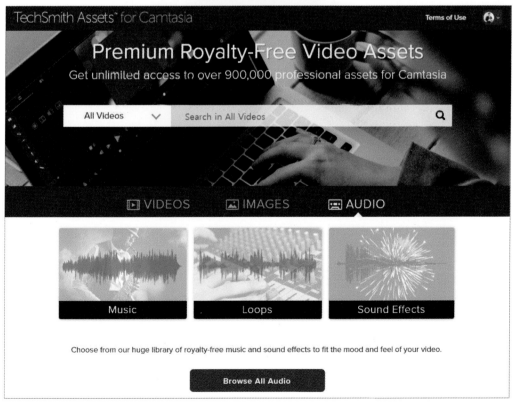

다운로드 파일을 캠타시아 Media Bin 〉 Downloads 에 보관하여 편집 시 활용할 수 있다.

Camtasia 활용 8
동영상과 평가 위한 퀴즈를 구글 설문폼으로 발송, 퀴즈 평가 결과를 자동으로 취합하는 방법

캠타시아의 쌍방향(Interactive) 메뉴를 활용하여 동영상에 퀴즈를 넣을 수 있다.

구글 기능과 연계하는 방법
❶ 캠타시아로 제작한 동영상을 유튜브에 업로드한다.
❷ 구글 설문폼으로 평가폼을 제작한다. 평가폼 항목은 동영상 시청 후 모니터링하고자 하는 내용으로 구성한다.
❸ 구글 설문폼에 ❶의 동영상을 연동시킨다.

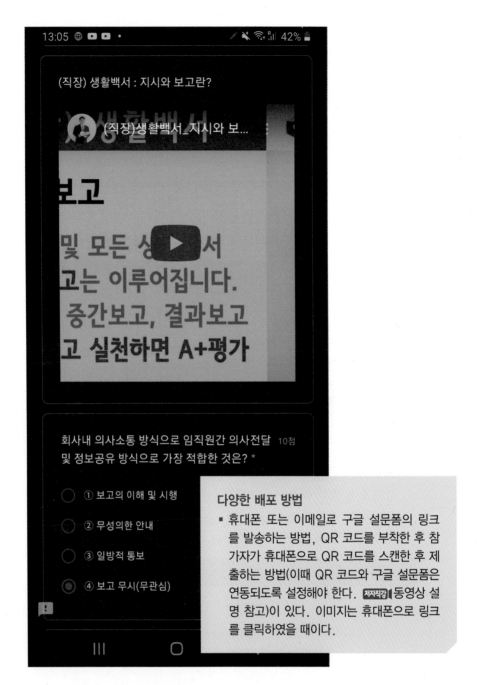

다양한 배포 방법
- 휴대폰 또는 이메일로 구글 설문폼의 링크를 발송하는 방법, QR 코드를 부착한 후 참가자가 휴대폰으로 QR 코드를 스캔한 후 제출하는 방법(이때 QR 코드와 구글 설문폼은 연동되도록 설정해야 한다. **저자직강** 동영상 설명 참고)이 있다. 이미지는 휴대폰으로 링크를 클릭하였을 때이다.

Camtasia 활용 9
동영상 썸네일(미리보기 이미지)
제작 가이드

유튜브에서 검색할 때 글자로 된 것보다는 이미지가 눈에 확 들어온다. 이를 '썸네일'이라고도 하며, 이미지에 효과를 주어 제목을 더하거나 전달하고자 하는 내용의 핵심을 표현한다.

다음은 썸네일 만드는 방법 중 가장 쉽고 빠르게 제작하는 방법이다. 포토샵을 배워서 하는 방법도 있으나 이는 많은 시간이 소요되고, 디자인 감각을 높이는 데까지는 또 다른 노력이 필요하다. 그래서 www.canva.com을 활용하여 초스피드로 일정 수준 이상의 미리보기 이미지 만드는 방법을 소개한다.

- www.canva.com에 접속한다.
- 디자인 만들기에서 "YouTube 썸네일"을 클릭한다.
- 이미 YouTube 미리보기 사이즈에 최적화되어 있기 때문에 간단한 과정만으로도 수준 높은 미리보기 이미지를 제작할 수 있다.

- 제공되는 수많은 템플릿 중 선택하거나 직접 이미지를 올려서 편집할 수도 있다.
- 화면 왼쪽의 템플릿을 클릭하면 오른쪽 창으로 해당 이미지가 이동하며 편집할 수 있다. 사진, 요소, 텍스트, 동영상, 배경 등을 활용하여 편집할 수도 있다.

- 기존 템플릿을 사용하여 제작한다면 문구만 조정하여 즉시 활용할 수 있다.
- 완료 후 다운로드하여 유튜브에서 썸네일에 업로드하면 미리보기 이미지가 된다.

또 다른 방법으로는 스마트폰에 멸치(Melchi)앱을 설치하여 활용하는 방법이 있다. 멸치앱은 템플릿으로 제공하는 동영상 및 이미지를 활용하여 쉽고 빠르게 영상 제작, 영상 편집, 사진 편집, 기념일·행사 영상 만들기 등을 할 수 있는 영상(사진) 제작 모바일용 앱이다. 다만 지정된 수정 부분만을 커스터마이징할 수 있다. 별도의 편집 과정이 간단하여 간단, 신속하게 제작하기에 적합하다.

초대장(모임/행사, 돌잔치, 청첩장), 연애(화해, 기념일, 고백, 데이트, 야놀자), SNS(이야기, 숏무비, 유튜브, 배경화면), 광고(혁신 광고, 서비스 광고, 자기 PR, 제품 광고, 브랜드 광고, 매장 광고, 구인구직 광고) 등으로 구성되어 있으며, 템플릿은 지속적으로 업데이트되어 있다.

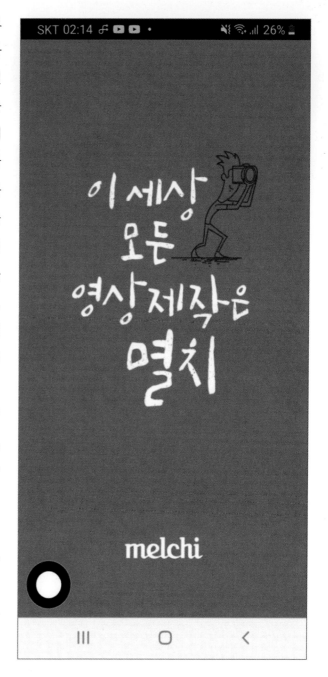

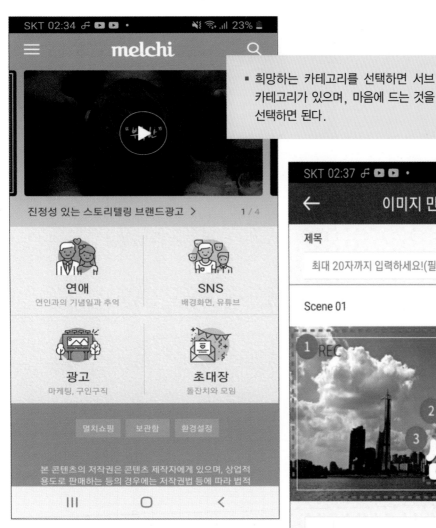

- 희망하는 카테고리를 선택하면 서브 카테고리가 있으며, 마음에 드는 것을 선택하면 된다.

- 제목은 검색 및 확인용이므로 자유롭게 작성한다.
- 각 영상(사진)별로 수정 부분이 지정되어 있으며, 가이드에 따라 등록하여 완료한다. 제출 후 제작 완료되는 약간의 시간이 필요하며, 완료된 결과물은 '내 보관함'에서 확인할 수 있다.

다음 이미지는 멸치앱을 활용하여 제작한 결과물이며, 다운로드 및 공유할 수 있다. 이미지 이외에 동영상도 같은 방법으로 제작할 수 있다. 이 밖에도 썸네일을 제작하는 다양한 방법이 있으며, 저자의 유튜브 채널을 활용한다.

Camtasia 활용 **10**
미리캔버스를 활용하여
유튜브 썸네일 만드는 방법

전문디자이너가 아니더라도 간단한 사용법만으로 훌륭한 디자인을 제작할 수 있는 방법이다. 웹용으로는 프레젠테이션·유튜브/팟빵·상세페이지·소셜미디어 정사각형·카드뉴스·웹포스터·이벤트 팝업·로고/프로필·웹배너·배경화면·디지털 명함·팬시 배너, 인쇄용으로는 명함·스티커·현수막·배너·포스터·실사출력·전단지·종이자석 전단지·동자석 전단지·자석오프너·리플렛·홀더·티켓·어깨띠·LED 라이트패널·입간판·컬러링북 등이 있다.

여기에서는 유튜브 썸네일 만드는 방법을 알아본다.

동영상을 훌륭하게 제작하였더라도 첫인상은 썸네일에 있으며, 클릭을 유도하는 중요한 요소이다. 보석을 신문지에 포장하지 않듯이 멋진 동영상을 매력적인 썸네일로 보여 주어야 함은 당연하다.

- 미리캔버스(https://www.miricanvas.com)에 로그인한다.

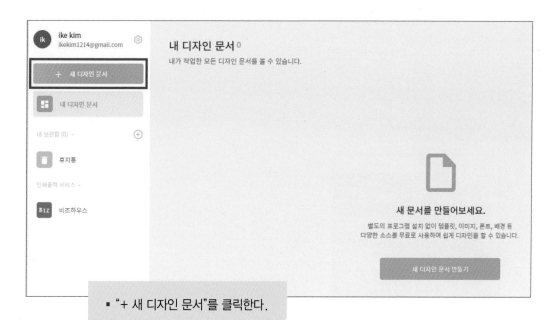

▪ "+ 새 디자인 문서"를 클릭한다.

▪ "유튜브 / 팟빵" 카테고리를 클릭하여 썸네일을 선택한다.

- 다양한 예제의 썸네일을 확인할 수 있다. 이 중 선택하면 오른쪽 공간으로 이동된다.

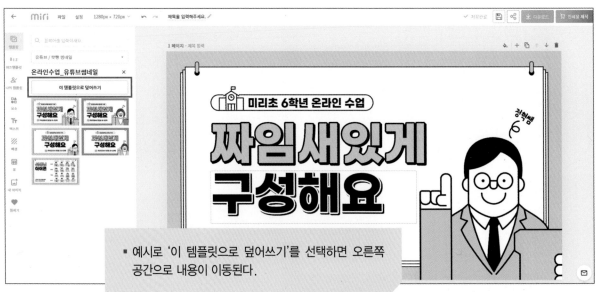

- 예시로 '이 템플릿으로 덮어쓰기'를 선택하면 오른쪽 공간으로 내용이 이동된다.

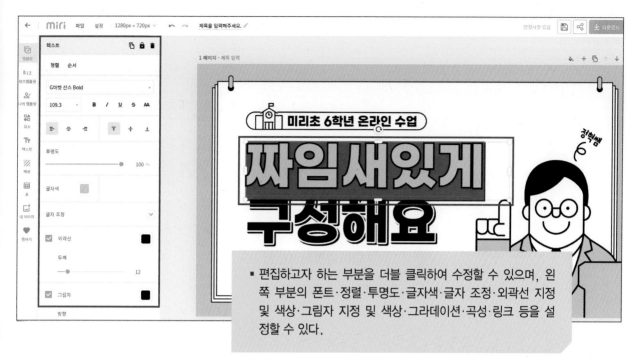

■ 편집하고자 하는 부분을 더블 클릭하여 수정할 수 있으며, 왼쪽 부분의 폰트·정렬·투명도·글자색·글자 조정·외곽선 지정 및 색상·그림자 지정 및 색상·그라데이션·곡성·링크 등을 설정할 수 있다.

■ 나의 템플릿은 현재 편집 중인 내용을 보여 준다.

- 요소에서 이미지를 선택하여 클릭하면 오른쪽 편집 창에 해당 이미지가 표현되며, 속성에 따라 설정할 수 있다.

- 이미지를 편집할 수 있는 속성에는 투명도, 필터 효과, 직접 조정, 그림자, 그라데이션 마스크, 링크 등이 있다.

- 텍스트를 선택하면 선택할 수 있는 글상자가 나타나며, 선택 후 글씨를 속성에 따라 수정하여 사용할 수 있다.

- 배경을 선택하면 다양한 색상과 모양의 배경이 있으며, 이 중 선택하면 편집 창으로 적용된다.

▪ 표를 선택하면 편집 창으로 적용된다.

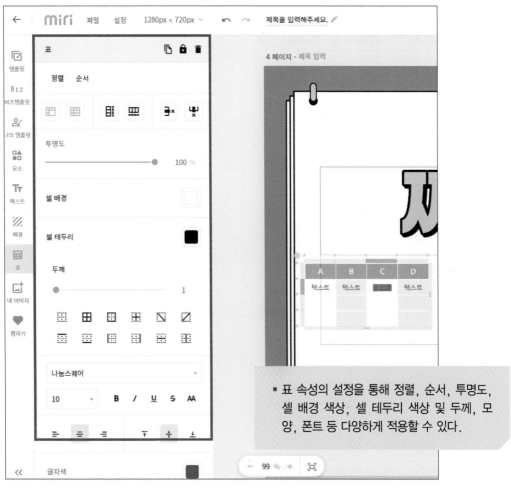

▪ 표 속성의 설정을 통해 정렬, 순서, 투명도, 셀 배경 색상, 셀 테두리 색상 및 두께, 모양, 폰트 등 다양하게 적용할 수 있다.

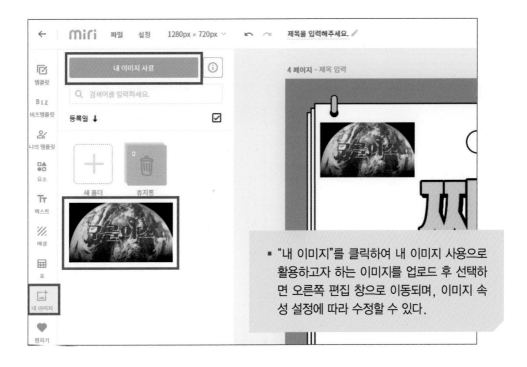

- "내 이미지"를 클릭하여 내 이미지 사용으로 활용하고자 하는 이미지를 업로드 후 선택하면 오른쪽 편집 창으로 이동되며, 이미지 속성 설정에 따라 수정할 수 있다.

동영상 제작 시 고려해야 할 중요한 요소는 첫 번째, 잘 만들어진 동영상 내용을 볼 수 있도록 시청자를 유도하기 위한 멋진 썸네일이다. 썸네일을 만드는 방법은 이미 설명한 바 있다.

두 번째, 동영상의 퀄리티를 느끼게 할 수 있는 멋진 인트로(Intro) 동영상이다. 다양한 제작자의 의도에 따라 인트로의 시간은 달라지겠으나 인트로를 통해서 제작자의 브랜드 이미지 및 특성을 차별화시키고 인지시킬 수 있는 장점이 있다. 인트로에는 로고, 음향, 음성 등을 사용하여 자신의 아이덴티티를 높여 줄 수 있는 것이다.

세 번째, 자막과 음성, 음향이다.

모든 요소가 잘 어우러질수록 훌륭한 동영상이 될 가능성이 높다.

정리하면,

- 잘 계획된 동영상 시나리오
- 썸네일
- 인트로 화면
- 자막

- 내레이션 음성

- 동영상에 활용되는 백그라운드 뮤직

- 음향

- 편집 기술

등이 중요한 요소가 되는 것이다.

모든 것을 잘하면 좋지만 제작 시간이 너무 오래 소요될 수 있다. 본 도서에서 추천하는 다양한 솔루션을 필요에 따라 활용한다면 짧은 시간에 멋진 동영상을 제작할 수 있다.

프로그램은 계속 발전하고 있고, 끊임없이 시장에 나오고 있다. 따라서 저자는 그러한 프로그램들을 보다 발빠르게 서치하고 체험해 보고, 그 프로그램을 독자들에게 유튜브 채널을 통해서 설명하고 있다. 보다 자세한 내용은 저자의 '유튜브 채널'에서 확인할 수 있다. 아래의 QR 코드로 접속하거나 유튜브 채널에서 "김익순 강사"를 검색하면 구독할 수 있다.

Camtasia 활용 11
인트로 동영상 제작 방법

동영상을 구성하는 주요 요소로는 썸네일, 인트로, 내용, 자막, 음성, 음향 등이 있음을 강조한다. 이 중 인트로 동영상은 썸네일로 유입된 시청자로 하여금 강한 첫인상을 줄 수 있는 좋은 기회이다. 인트로 동영상을 기획하고 모든 것을 직접 만들고자 한다면 엄청난 시간과 노력이 필요하다. 이에 저자는 아주 간단한 방법으로 인트로 동영상을 제작하는 방법을 추천한다. 바로 www.Videobolt.net 을 활용한 역동적이며 수준 높은 인트로 동영상을 만들어 보자.

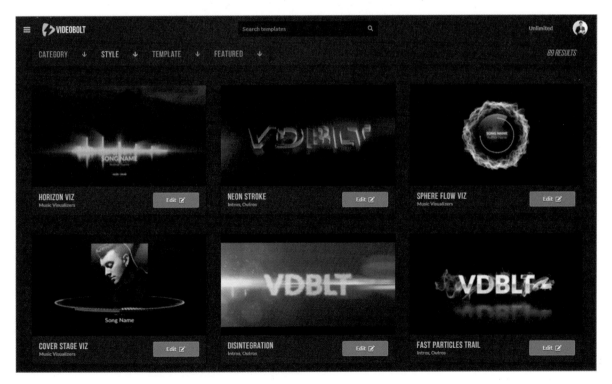

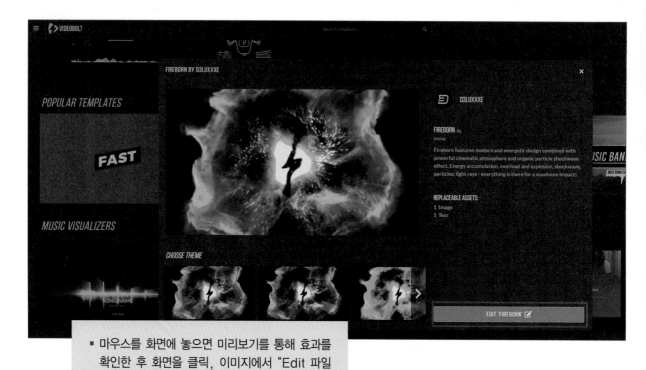

> ▪ 마우스를 화면에 놓으면 미리보기를 통해 효과를
> 확인한 후 화면을 클릭, 이미지에서 "Edit 파일
> 명"를 클릭한다.

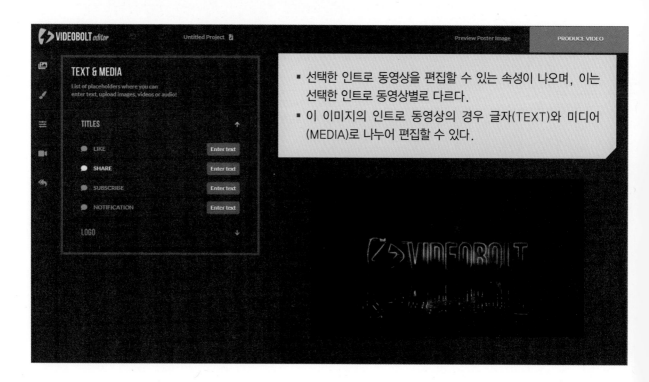

> ▪ 선택한 인트로 동영상을 편집할 수 있는 속성이 나오며, 이는
> 선택한 인트로 동영상별로 다르다.
> ▪ 이 이미지의 인트로 동영상의 경우 글자(TEXT)와 미디어
> (MEDIA)로 나누어 편집할 수 있다.

- "Enter text" 버튼을 클릭하여 원하는 문구로 수정, 등록할 수 있다.

잠깐!

다른 프로그램의 경우는 한글 폰트를 인식하지 못하는데, 본 Videobolt의 경우는 한글을 인식한다. 직접 개발사에 문의하여 확인하였고, 이상 없이 작동함을 체크하였다. 아울러 본 프로그램을 사용하고자 하는 독자는 문자(010-746-3651)로 "비디오 볼트 프로모션 코드를 요청합니다."라고 보내면 전송하여 줄 수 있으나 이는 사전 공지 없이 종료될 수도 있다. 저자가 직접 현지 개발사와 소통하면서 별도 요청하여 받은 특혜이기 때문이다.

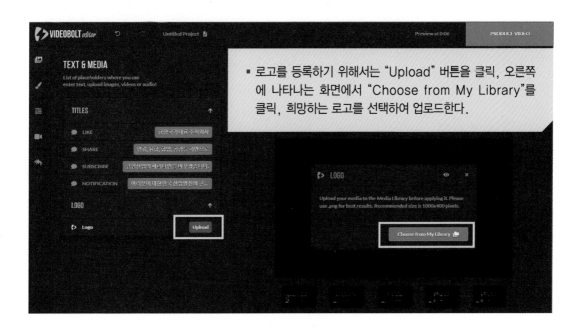

- 로고를 등록하기 위해서는 "Upload" 버튼을 클릭, 오른쪽에 나타나는 화면에서 "Choose from My Library"를 클릭, 희망하는 로고를 선택하여 업로드한다.

▪ 로고가 업로드되는 과정을 백분율로 표시하여 준다.

▪ 업로드가 완료된 로고를 클릭한 후 오른쪽 하단의 "Choose Selected Image" 버튼을 클릭하여 반영하면 렌더링이 시작되며, 완료될 때까지 대기한다. 다소 시간이 소요되니 여유 있게 기다린다.

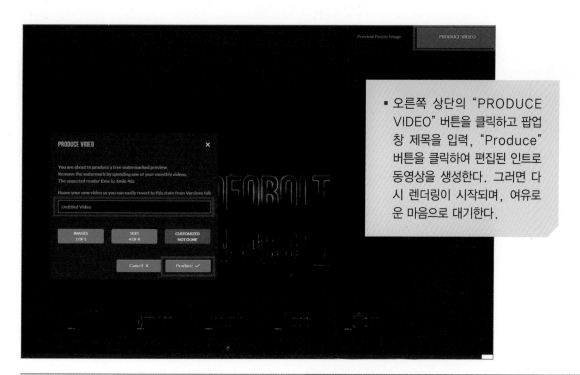

- 오른쪽 상단의 "PRODUCE VIDEO" 버튼을 클릭하고 팝업 창 제목을 입력, "Produce" 버튼을 클릭하여 편집된 인트로 동영상을 생성한다. 그러면 다시 렌더링이 시작되며, 여유로운 마음으로 대기한다.

- 대기 중에 어느 정도까지 진행되었는지는 상단 파비콘이 있는 탭을 보면 표시된 진도율을 볼 수 있다.

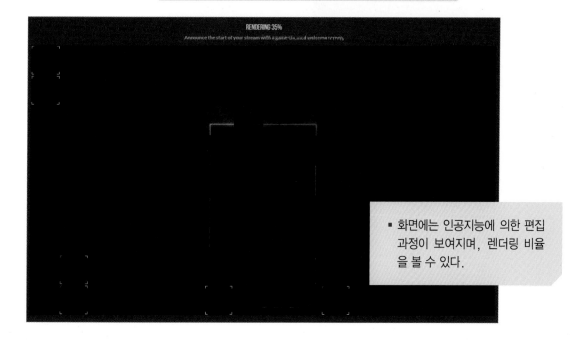

- 화면에는 인공지능에 의한 편집 과정이 보여지며, 렌더링 비율을 볼 수 있다.

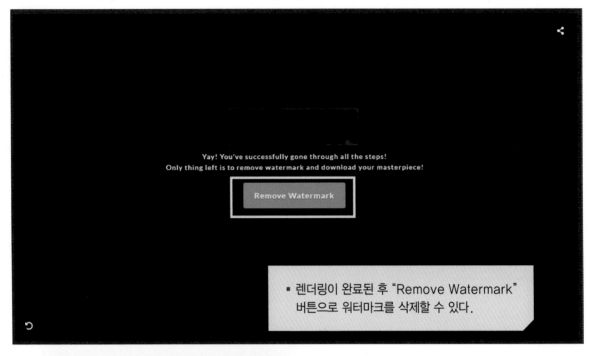

> ▪ 렌더링이 완료된 후 "Remove Watermark" 버튼으로 워터마크를 삭제할 수 있다.

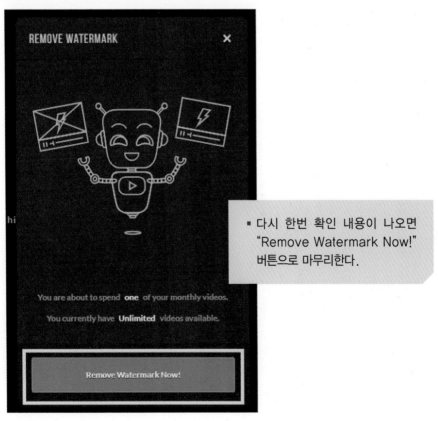

> ▪ 다시 한번 확인 내용이 나오면 "Remove Watermark Now!" 버튼으로 마무리한다.

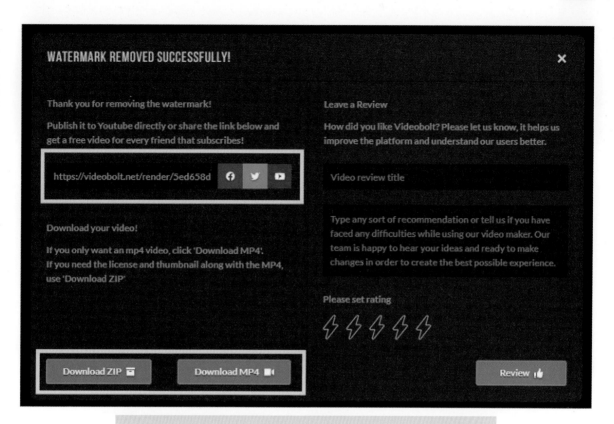

■ 워터마크 삭제 성공 후, 화면에는 해당 편집 완료된 인트로 동영상을 페이스북, 트위터, 유튜브에 보낼 수 있도록 이미지가 보인다. 또한 인트로 동영상을 압축 파일 형태 혹은 MP4 파일로 다운로드 할 수 있다.

Camtasia 활용 **12**
카운트다운 넣는 방법

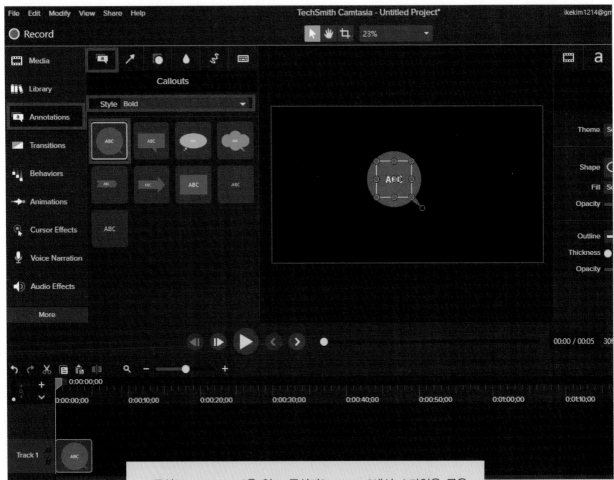

- 주석(Annotations)을 열고 글상자(Callouts)에서 스타일은 굵은 글씨체(Bold)로 오렌지 색상의 말풍선 이미지를 선택한다.
- 선택한 이미지에서 콜아웃의 돌출된 부분은 마우스 커서를 이용하여 안으로 이동시킴으로써 원 모양이 되도록 한다.
- 캔버스 지침선을 활용하여 가운데에 배치한다.
- ABC를 숫자 5로 변경한다.

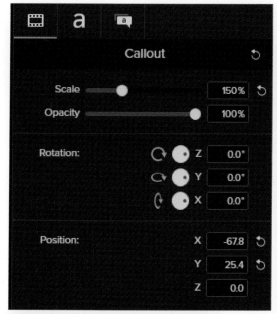

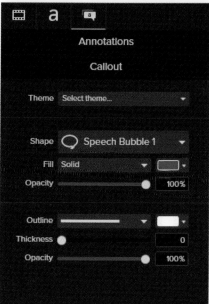

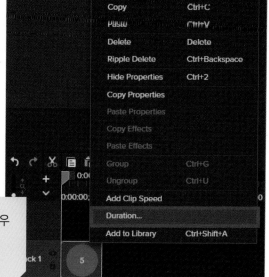

- 속성 채널을 보면서 이미지와 같이 설정하였다. 설정은 개인 선호에 따라 변경 가능하며, 본 설정은 예시이므로 설정을 변경하면서 어떻게 변화되는지를 이해한다.

- 타임라인에 있는 콜아웃을 선택하여 마우스 우클릭을 한다.
- Duration에 0.8 seconds를 입력한다.

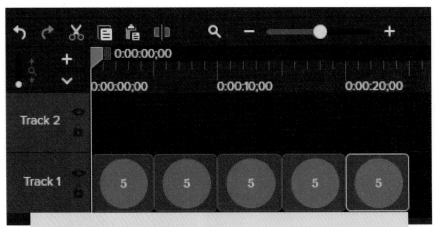

- 동일한 콜아웃으로 복사하기 위해서 복사(Copy)와 붙이기(Paste)을 4번 반복한다. 복사하는 방법은 메뉴에서 선택하거나 단축키를 사용한다.(단축키의 경우 복사(Ctrl+C), 붙이기(Ctrl+V))
- 모두 동일한 타임라인에 배치하도록 한다.

- 복사한 각각의 콜아웃을 선택하여 카운트다운을 표현하기 위한 숫자를 입력한다. 5부터 시작하였다면 4, 3, 2, 1을 입력하면 된다.

- 타임라인을 좌우로 확대하면 이미지와 같은 모습이 된다.

- 동적 효과를 주기 위해서 모든 콜아웃을 선택한다. 타임라인에 커서를 두고 단축키 Ctrl+A를 활용한다. 모든 콜아웃을 선택한 후에 동적 효과를 주면 한 번에 적용시킬 수 있어서 시간을 절감할 수 있다.
- Behaviors 패널에서 Pulsating을 선택, 선택한 콜아웃 중 어느 것이든 끌어다 놓는다. 그러면 모든 콜아웃에 적용되었음을 알 수 있다.

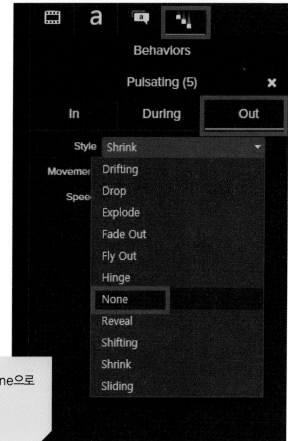

- 마지막으로 속성 Style에서 Out을 None으로 설정한다.
- 완성된 카운트다운을 확인해 본다.

Camtasia 활용 **13**
파워포인트 슬라이드를 활용한 동영상 제작

파워포인트를 활용하여 주로 프레젠테이션을 하는 경우라면 파워포인트 슬라이드를 캠타시아로 불러와서 내레이션을 녹취할 수 있다.

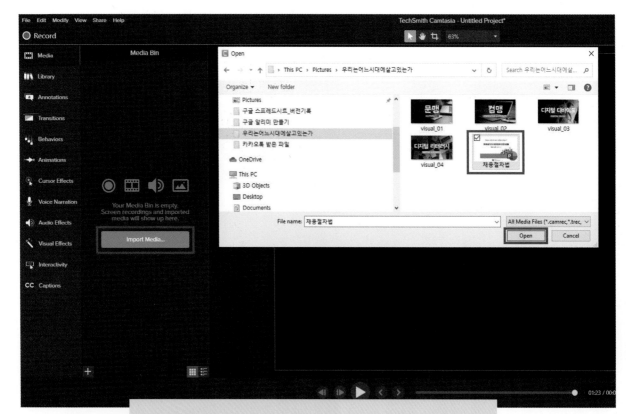

- 먼저 캠타시아로 가져오고 싶은 파워포인트를 저장하고, 해당 파워포인트 문서를 닫아야 한다.
- "Import Media…" 클릭 후, 컴퓨터에 저장한 파워포인트 문서를 가져오기 한다.

▪ 캠타시아에 자동으로 PNG 이미지로 전환된 각 페이지의 파워포인트가 Media Bin에 추가되는 것을 확인할 수 있다.

▪ Media Bin에 추가된 슬라이드를 타임라인으로 Drag & Drop한다.

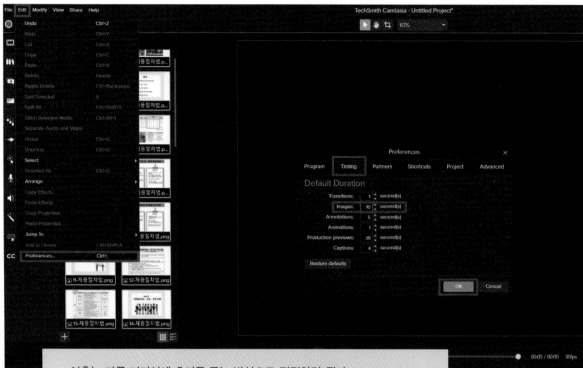

- 이후는 다른 미디어에 효과를 주는 방식으로 편집하면 된다.
- 설정된 슬라이드 출력 시간을 변경하고자 한다면 Edit 〉 Preferences 〉 Timing 탭을 선택하고 희망 시간을 등록 후 "OK"를 클릭한다. 단, 본 설정은 Media Bin에서 슬라이드를 가져오기 전에 설정해야 한다.

- 슬라이드 이미지의 시간이 설정된 후 Media Bin으로 이미지를 Drag & Drop하면 모든 이미지의 시간이 지정된 값으로 설정되어 있는 것을 확인할 수 있다.

▪ 타임라인에 있는 슬라이드 이미지를 동시에 이동하려면 Shift 키를 누른 상태에서 마우스 커서를 슬라이드 중 하나에 놓고 마우스 왼쪽 클릭을 한 상태에서 이동하면 커서로 지정한 슬라이드 이후의 모든 슬라이드가 이동한다. 이는 파워포인트의 슬라이드를 캠타시아로 가져와서 오디오를 추가할 때 추가된 부분 이후의 모든 미디어와 오디오의 순서가 어긋나는 것을 방지하기 위함이다.

▪ 타임라인에 가져온 파워포인트 슬라이드에 음성을 넣어 본다.
▪ "Start Voice Recording"을 클릭하여 음성 녹음을 한다. 이때 외장 마이크 또는 내장 마이크를 쓸지 선택한다. 내장 마이크를 사용할 경우 음질은 다소 좋지 않다.

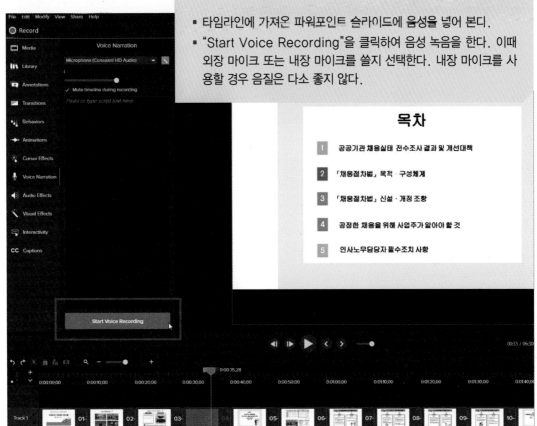

■ 음성 녹음 완료 후 저장하려면 "Stop"을 클릭,
아래 이미지에 저장 화면이 나온다.

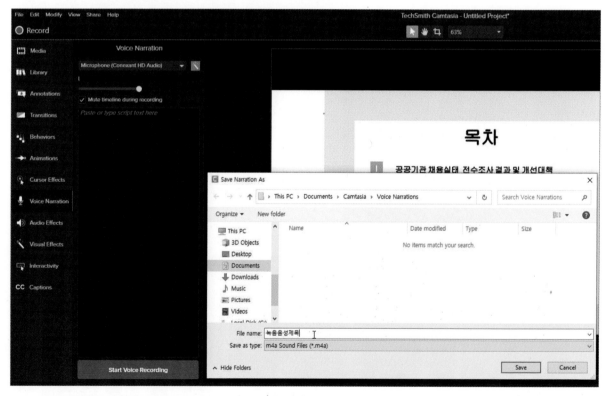

- 저장과 함께 녹음 파일은 타임라인의 커서 위치에 배치된다. 마우스 왼쪽 클릭 상태에서 이동하여 희망하는 위치에 배치할 수 있다.

Tip

이때 중요한 것은 해당 음성 파일 이후로는 이미 동영상, 오디오가 매칭되어 있으므로 해당 음성 파일을 중간에 놓을 때 이를 염두에 두어야 한다. 그렇지 않으면 동영상, 이미지, 오디오의 위치가 맞지 않아서 애를 먹게 된다. (저자직강 자세한 내용은 동영상으로 설명)

* 궁금한 점을 질문툴으로 제출하면 고려하여 답변을 드립니다!

👆잠깐!

스마트폰 음성 녹음 활용하기

조용한 장소에서 파워포인트 슬라이드를 보면서 스마트폰 녹음 기능을 활용하여 녹음한다. 이때 파워포인트 슬라이드 전체를 한 번에 다 녹음하려 하지 말고 슬라이드별로 녹음하도록 한다.

녹음을 슬라이드별로 완료한 후 구글 드라이브 또는 기타 다양한 방법으로 컴퓨터에 저장, 또는 스마트폰과 캠타시아를 동기화하여 스마트폰의 미디어 콘텐츠를 바로 캠티시이로 가져올 수도 있다.

캠타시아 Media Bin으로 가져온 파워포인트 슬라이드별 녹음 파일을 타임라인으로 가져와서 불필요한 부분을 편집한 후, 스마트폰으로 녹음할 때 사용한 파워포인트 슬라이드를 캠타시아 타임라인에 가져와서 매칭시킬 수 있다.

이러한 방법을 활용하면 동영상 제작이 어려운 사람도 파워포인트 슬라이드를 보면서 자신의 스마트폰으로 녹음만 해서 보내달라고 해도 캠타시아 스튜디오에서 편집한다면 멋진 동영상 프레젠테이션 자료를 완성할 수 있다. 동영상 만드는 작업에서도 창의적인 생각과 노력이 필요하다.

Camtasia 활용 **14**
파워포인트에서
바로 녹화하는 방법

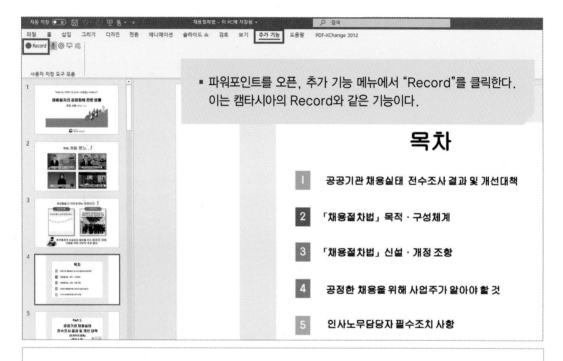

- 파워포인트를 오픈, 추가 기능 메뉴에서 "Record"를 클릭한다. 이는 캠타시아의 Record와 같은 기능이다.

- 오른쪽 하단 팝업 메뉴에서 "Click to begin recording"을 클릭하거나 단축키를 활용한다.

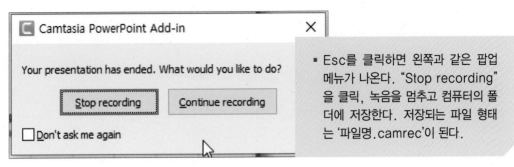

- Esc를 클릭하면 왼쪽과 같은 팝업 메뉴가 나온다. "Stop recording"을 클릭, 녹음을 멈추고 컴퓨터의 폴더에 저장한다. 저장되는 파일 형태는 '파일명.camrec'이 된다.

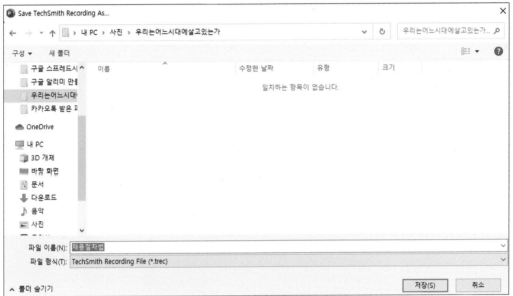

➔ Produce your recording : 녹화된 파일이 저장된다.

➔ Edit your recording : 녹화된 파일을 캠타시아 스튜디오에서 바로 편집할 수 있다.

Camtasia 활용 14 257

▪ 파워포인트 추가 기능에 캠타시아 녹음이 없다면 '파일 〉 옵션 〉 추가 기능'에
가서 사용 가능하도록 설정하면 된다.

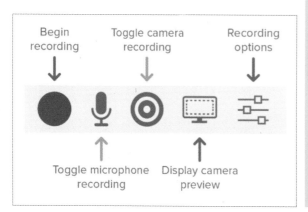

**파워포인트 추가 기능 〉 캠타시아 추가 기능
옵션 설정**

➔ Begin recording : 녹화를 시작한다.
➔ Toggle microphone recording : 클릭 시마다 마
이크 기능이 On, Off된다.
➔ Toggle camera recording : 클릭 시마다 카메라
기능이 On, Off된다.
➔ Display camera preview : 클릭 시 카메라 미리보
기가 된다.
➔ Recording options : 녹화 옵션을 설정할 수 있다.

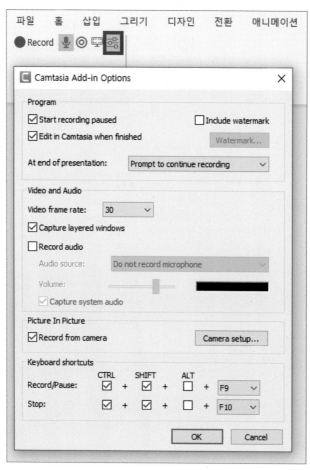

Camtasia 활용 15
녹화된 영상에서 복잡한
커서의 움직임을 단순화하는 방법

    화면 녹화를 하다 보면 흔히 하는 실수가 무의식적으로 마우스 커서를 여기저기로 왔다 갔다 하는 것이다. 편집이 완료된 후 최종본을 보면 불필요한 마우스 움직임이 마음에 걸릴 때가 있다. 이럴 때 간단히 대처할 수 있는 방법이다.

    커서 움직임을 부드럽게 하기 위해서는 '파일명.camrec' 파일이 있어야 한다. 렌더링이 완료되어 생성된 동영상으로는 효과를 줄 수가 없다. '파일명.camrec' 파일만이 커서 움직임 정보를 가지고 있기 때문이다.

    커서 움직임을 부드럽게 한다는 것은 처음에 커서를 클릭하여 지정한 위치와 무의식적으로 커서를 화면에서 이리저리 움직이다가 최종 위치에서 커서를 클릭한 위치가 있다고 하였을 때, 처음에 커서를 클릭한 위치와 마지막에 커서를 클릭한 위치 사이에 커서의 움직임을 생략하여 주는 효과이다.

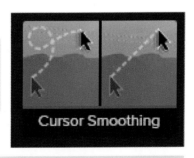

- Cursor Effects 탭에서 Cursor Smoothing effect를 타임라인에 드래그하여 놓는다.

Cursor Smoothing effect 속성

➔ **Duration** : 첫 번째 포인트에서 다음 포인트까지 커서를 움직이는 데 걸리는 시간
➔ **Delay** : 클릭 간격마다 잠시 멈춤 하는 시간 설정
➔ **Easing** : 체크 시 커서의 자연스러운 움직임 효과 설정
➔ **Detect Cursor Pauses** : 체크 시 1초 이상 커서가 멈출 경우 커서 경로의 포인트로 인지하며, 미체크 시 클릭할 경우에만 포인트로 설정

Cursor Smoothing 효과를 줄 때 화면의 특정 위치에서 클릭할 경우 포인트로 인식을 한다. 'Detect Cursor Pauses'를 체크할 경우 커서가 화면에서 클릭이 없더라도 1초 이상 멈추어 있다면 이를 포인트로 인지한다는 것이다. 즉, A 위치에서 클릭 후 B 위치에서 1초 이상 커서가 멈추어 있고 C 위치에서 클릭하였다면 A, B, C로 커서의 이동을 보여 준다는 것이다. 하지만 'Detect Cursor Pauses'를 체크하지 않았을 경우에는 A에서 B로 이동하는 커서의 경로만을 보여 주게 된다. (저자직강)자세한 내용은 동영상 설명)

잠깐!

모바일에서 사용하는 저자의 동영상 앱

외부에서 미디어를 편집하거나 PC를 사용할 수 없는 환경에서 저자가 활용하고 있는 모바일 앱을 소개한다. Google Play 스토어나 애플 앱 스토어에서 설치하여 체험할 수 있다.

Camtasia 활용 **16**
크로마키를 활용한 동영상 제작

크로마키(Chroma key)는 두 개의 영상을 합성하는 방법이다. 크로마키 배경이 초록색이거나 파란색인 영상이 있다면, 크로마키 영상의 배경인 '녹색' 혹은 '청색'을 제거하거나 투명하게 만들어서 또 다른 배경 영상과 합성할 수 있는 방법이다.

캠타시아 스튜디오에서 편집할 때 크로마키의 배경 색상을 없애고 다른 동영상을 배경으로 사용할 수 있나. 다민 주의할 점은 크로마키 배경과 다른 색의 옷을 입어야 보다 수월하게 작업할 수 있다.

■ 캠타시아 스튜디오에서 크로마키를 배경으로 촬영한
동영상을 오픈하고 타임라인으로 Drag & Drop한다.

■ Visual Effects 〉 Remove a Color를 타임라인에
있는 동영상에 Drag & Drop한다.

• Color에서, 크로마키에서 지우고자 하는 색상을 선택한 후 🖊 컬러 선택기를 클릭힌다.

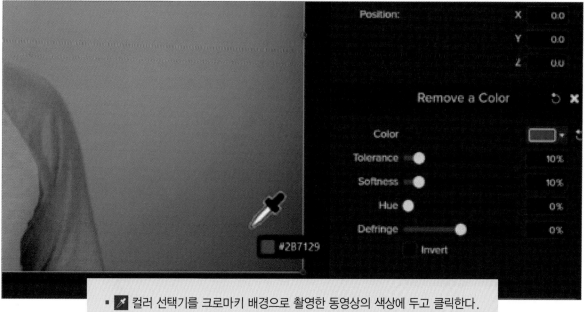

• 🖊 컬러 선택기를 크로마키 배경으로 촬영한 동영상의 색상에 두고 클릭한다.

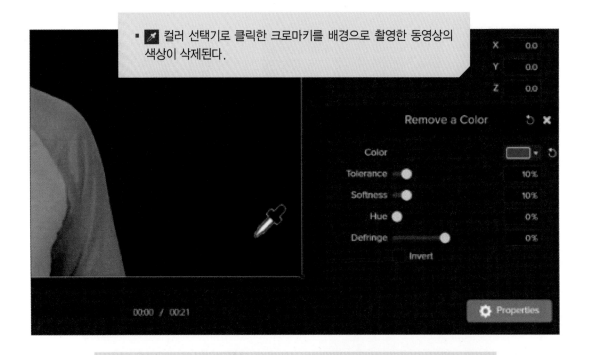

■ 🖊 컬러 선택기로 클릭한 크로마키를 배경으로 촬영한 동영상의 색상이 삭제된다.

■ 크로마키 배경으로 사용할 동영상을 선택하여 타임라인으로 가져다 놓는다. 이때 새롭게 배경으로 사용하는 동영상의 위치와 크로마키 배경으로 제작한 동영상의 위치가 매칭되어야 한다. 삭제한 크로마키 배경을 현실감 있게 만들기 위해서는 세밀한 조정 작업이 필요하다.

➔ Tolerance : 제거한 색상과 관련된 색조의 범위를 설정할 수 있다.
➔ Softness : 주위에 남아 있는 화소들과 거친 색깔의 가장자리를 부드럽게 한다.
➔ Defringe : 슬라이더를 약간 왼쪽 또는 오른쪽으로 이동하여 남아 있는 색상이 눈에 덜 띄게 한다.
➔ Hue : 새 배경과 더 잘 일치하도록 클립 색을 조정한다.
➔ Invert : 제거된 색상을 반전시키고, 제거된 색상을 제외한 모든 것을 숨긴다.

Camtasia 활용 **17**
동영상을 다양하게 활용하는 사례

전화, 이메일 등 다양한 방법으로 소통하고 있는 것이 현실이다. 서로 대면하고 이야기를 한다면 쉽게 이해할 수 있는 사항들도 원격으로 이야기할 때에는 상당히 답답함을 느낀다. 아래의 여러 가지 사례를 보자.

처음 해외로 여행을 가거나 유학을 가는 사람이 있다고 가정했을 때, 아마 모든 것이 낯설고 두려울 것이다.

- 항공권은 어떻게 발권하는지?
- 수하물은 어떻게 보내는지?
- 트랜스퍼를 하는 경우라면 어떻게 해야 하는지?
- 현지에 도착했을 때 차량 이용은 어떻게 하는지?
- 숙소까지 가는 방법은 어떻게 해야 하는지?
- 여권 분실 등 긴급한 상황이 발생 되었을 때에는 어떻게 조치해야 하는지?

모든 것이 어설프고 낯설기만 하다.

다양한 돌발 상황에 대해 예측을 하고, 그 조치 방법을 동영상 매뉴얼로 만들어 놓는다면 얼마나 유용하겠는가!

아래의 이미지는 씽크와이즈로 제작한 출장자 교육 자료다. 본 내용에 따라 각각 동영상이 제작되어 있으며, 이를 구글 사이트로 제작하여 임직원에게 지원하였다. 이를 통해 임직원은 두려운 마음을 대부분 해소할 수 있었고, 상황에 따른 조치를 적절하게 할 수 있었다. 또한 준비된 상황 이외의 문제에 대해서는 출장 후 복귀하여 자료를 보강함으로써 업그레이드된 출장자 교육 자료로 활용할 수 있게 되었다. 실제로 한 임직원이 출장 중 트랜스퍼하는 공항에서 항공기를 놓치는 일이 발생하였다. 이때 이미 상황

대처에 대한 교육을 통해서 최초 출장 지역이었음에도 불구하고 빠른 대처를 해서 다음 일정에 문제가 없었다.

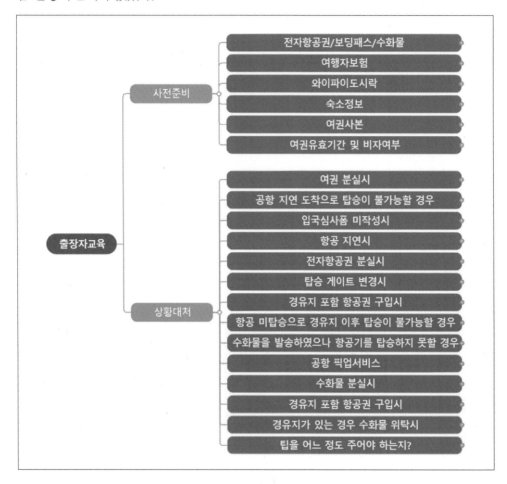

이와 같이 사전에 충분히 계획을 하고 동영상을 제작하는 방법도 있으나 즉흥적으로 상대방이 질문한 내용을 동영상으로 빠르게 응대함으로써 큰 만족감을 줄 수도 있다.

어느 한 고객이 신청 방법에 익숙하지 않아서 콜센터로 전화를 했다면?

그 고객은 단순한 신청이었음에도 불구하고 온라인으로 신청하는 방법이 익숙하지 않아서 곤란함을 겪고 있었던 것이다. 이때 전화를 받은 임직원은 상황에 대해 이해를 하고, 실제 고객이 어려움을 겪고 있는 부분을 동영상으로 촬영하여 유튜브에 올리고 링크를 발송함으로써 고객은 손쉽게 신청 과정을 마무리할 수 있었다. 이때 중요한 것은 동영상 자체를 발송하지 않고 유튜브에 업로드한 후에 미등록으로 하여 링크를 가지고 있는 사람만 해당 동영상을 보게 하였던 점이다. 즉 고객이 동영상을 다운로드 받는 불필요한 시간을 없애 준 것이다. 아울러 동영상을 발송한 후에 일정 시간 후 해당 동영상을 삭제함으로써 고객 응대를 완결할 수 있었다.

납품된 제품에 대하여 해외 바이어로부터 다수의 질문이 접수되었다

질문 내용을 볼 때 즉시 답변해야 할 내용도 있고, 시간을 두고 문서로 작성하여 답변할 내용도 있었다. 또한 실제 대면하고 설명을 한다면 간단하게 이해시키고 설득시킬 수 있는 질문도 일부 있었다. 이런 경우, 즉시 답변 내용을 동영상으로 제작하여 발송하니 상대방은 상당히 만족해하였다. 이로 인하여 이후 별도로 준비한 답변서에 대한 신뢰도가 상당히 높아졌다.

저자는 동영상을 거의 매일 제작한다

이유는 질문도 동영상으로 하고, 답변도 동영상으로 해 왔기 때문이다. 따라서 저자와 소통하는 사람들은 커뮤니케이션 공감도가 상당히 높다. 문장으로 보냄으로써 오랜 시간 읽어야 하고, 혹시 이해하지 못하는 부분에 대해서는 이메일, 전화 등으로 재확인해야 하는 시간을 대폭 줄였기 때문이다.

처음에는 동영상 제작을 다소 낯설게 여길 수도 있다. 하지만 실제 비즈니스 커뮤니케이션에 있어서 불필요한 오해를 없애고 시간을 절감하는 것은 고도의 경영 효율화 방식이다. 일상생활에서 중요한 사항은 녹취하여 리뷰하는 것이 하나의 방법이듯, 동영상으로 필요한 내용을 전달할 경우 상대방은 그 내용을 편안한 시간에 충분한 시간을 두고 여러 차례 시청함으로써 확실한 공감을 기대할 수 있다. 이는 서로 충분한 공감을 기반으로 소통하기 때문에 원격 소통임에도 불구하고 보다 긴밀한 협조를 기대할 수 있는 것이다.

동영상 제작을 어떤 이벤트로 생각하거나 혹은 번거로운 작업으로 생각한다면 실행하기는 어렵다. 따라서 동영상을 일반적인 커뮤니케이션 수단이라고 생각해야 한다.

우리가 뉴스를 보는 것은 동영상을 보는 것이다. 유튜브를 검색하는 것도 동영상을

보는 것이다. 다만 여러분들이 그 동영상을 생산해서 전파한다는 위치만 바뀌었을 뿐이다. 일상의 과정에서 소통하는 방식과 다를 것이 하나도 없다는 것이다.

기업 문화 등 역량 강화를 위한 교육 자료로도 동영상을 활용할 수 있다

대부분의 교육은 한 장소에 모여서 개인별 학습 인지도가 다름에도 불구하고 동일한 시간에 강사가 일방향으로 전달하는 경우가 일반적이다. 그나마 강의 후 평가를 한다면 학습에 대한 효과를 측정할 수도 있으나 대부분의 경우 밀도 있게 이루어지지 않는 것이 또한 현실이다. 강의를 마친 후 충분한 시간도 없을 뿐더러 개인별 다양한 일정에 따라서 급한 마음으로 교육 시간을 마무리하는 경우가 허다하다.

하지만 교육 동영상으로 제작하여 유튜브, 비메오 등에 업로드 한 후에 개인별 핸드폰 혹은 메일로 발송하고, 업무에 방해되지 않도록 충분한 시간을 주어 동영상을 시청하도록 안내하고 평가에 참여할 수 있는 체계를 갖춘다면, 그야말로 서로 윈윈하는 상황이 될 것이다.

오프라인 한 장소에서 교육을 할 때에는 해당 일시에 개인별 사정에 따라 참석하지 못하는 경우도 발생할 수가 있다. 그런데 마침 그때 참석하지 못한 임직원이 문제를 야기하여 불필요한 손해를 끼치거나 불이익을 받을 가능성도 배제할 수 없는 것이다.

학교를 사례로 들어서 설명해도 마찬가지이다

과거에는 재학 중임에도 불구하고 취업을 하였기 때문에 수업에 불참하는 경우가 다수 있었다. 그런 경우 아무리 뛰어난 레포트를 제출한다고 하더라도 출석 점수가 깎이기 때문에 높은 점수를 받기는 사실상 어려움이 있었다. 하지만 최근 팬데믹 상황으로 인하여 모두가 온라인으로 수업을 듣고 평가를 받는 상황에서는 실시간 온라인이 아니라면 누구든지 공정하고 동일한 상황에서 학습하고 평가를 받을 수 있는 환경이 되었다.

학생 입장에서 컨디션이 좋지 않아 학습에 대한 인지도가 떨어질 때가 있다. 그런 경우에는 수업에 불참할 수도 있고, 설사 참여한다고 하더라도 수업에 집중하지 못함으로써 이해도가 떨어져 결국 평가에서 좋은 점수를 받지 못하는 경우도 있다. 하지만 온라인 컨텐츠가 준비됨으로써 언제든지 여러 차례 되돌려 볼 수도 있고, 가장 최상의 컨디션하에서 시청함으로써 이해도를 극대화시킬 수도 있는 것이다.

어떠한 결과물을 프레젠테이션한다고 가정하여 보자

일반적이라면 한 장소에 모여서 필요한 제품을, 혹은 프레젠테이션하고자 하는 내용을 전시하고 필요한 질문과 답변을 하게 될 것이다. 이러한 질문과 답변은 그 시간이 지나면 사라져 버리게 된다. 만약 온라인으로 프레젠테이션을 한다면 어떻게 될까? 다만 직접 오감을 통해서 피드백을 받아야 하는 것이라면 다소 제약이 있을 수는 있다. 하지만 그렇지 않은 경우라면 온라인으로 동영상 자료를 배포하고, 상대방은 시간이 허용될 때 그 내용을 검토하고 피드백을 한다면 좀 더 성의 있고 깊이 있는 피드백이 가능하리라 생각한다.

어떠한 제품을 제작하는 과정이 있다고 가정해 보자. 제작하는 과정상 각 공정별로 서로 협의를 해야 한다. 이런 공정별 협의는 일반 회사에서는 일상적이다. 하지만 그러한 회의가 하나 둘이 아니고 너무나도 많기 때문에 업무에 지장이 되는 것 또한 현실이다. 결국에는 회의하다가 중요한 시간이 흘러가 버리고 늦게까지 야근을 하거나 혹은 시간에 쫓겨서 실제 개발이나 제품에 들어갈 노력이 분산될 수 밖에 없다.

이것을 극복하는 방법은 각 공정별 과정 속에서 나오는 공유해야 될 사항, 또는 부적합이 발견된다면 그 내용을 공유함으로써 전체 공정에서 그 내용을 리뷰하고 의견을 실시간으로 수렴할 수 있다면 그야말로 획기적인 경영 효율화가 되는 것이다. 그런 경영 효율화를 위한 기본적인 소통방식이 바로 '동영상'인 것이다.

우리가 뉴스를 통해서 다양한 정보를 입수하는 것과 별반 다르지 않다. 유튜브, 인터넷, 기타 다양한 포털 검색을 통해 정보를 입수한다. 이러한 정보 매체로부터의 컨텐츠는 다른 사람이 생산하는 것인데, 여러분들이 직접 그 컨텐츠를 생산하여 함께 업무하는 임직원과 공유한다고 생각하면 반드시 필요한 소통 방식이라는 것을 인식하게 될 것이다.

일반적으로 회사에서는 주간회의를 하고 있다. 매주 특정한 요일에 많은 부서가 모여서 순서대로 발표를 하고 필요한 사항에 대해서 질문하는 시간을 가지는 것이다. 이

러한 시간이 효율적이라고 생각하는가? 물론 직접 대면하고 이야기를 나눔으로써 보다 친밀하고 표정과 음성, 그리고 상황을 통해서 깊이 있게 공감할 수도 있다.

하지만 그러한 장점이 있는 반면에 순서를 기다리는 비효율적인 상황도 있음을 부정할 수 없다. 가령 주간회의 내용을 동영상으로 제작해 업로드하여 그 내용을 기획 관리, 혹은 스텝 부서에서 정리하여 공유하고, 그 공유된 내용을 시청한 후에 필요한 질문 내용을 등록, 그 등록된 내용에 대해서 또 피드백을 하는 구조가 된다면 효율성과 공감력을 높이는 두 마리의 토끼를 잡을 수도 있는 것이다.

이러한 효율적인 방식을 도입하려면 무엇보다도 경영진의 마인드가 변화되어야 한다. 직접 대면하고 종이를 품의철에 넣어서 결재를 받아야 된다는 오래된 관습적인 방식을 계속 주장한다면 새로운 시대의 방식은 도입 될 수가 없다. 물론 동전의 양면처럼 어느 한 방식만을 주장하자는 것이 아니다. 오프라인에서 불필요한 다수가 모여 비효율적인 생산 방식을 고수하지만 말고, 가령 그동안 100% 과거의 방식으로 회의를 진행하였다면 반반 정도로 나누어서 회의 방식을 관리하는 것도 하나의 방법이 될 수 있다.

잠깐!

- 인공지능 성우의 목소리로 글자를 오디오로 만드는 방법
- 오디오를 자막으로 인식하게 만드는 방법
- 자막을 멋지게 편집하여 동영상 혹은 이미지에 넣는 방법
- 한국어뿐만 아니라 다양한 외국어 글자를 오디오로 만드는 방법
- 기계음처럼 들리는 것이 아니라 자연스러운 사람의 목소리처럼 만드는 방법
- 뉴스나 예능, 다큐멘터리처럼 차별화된 자막 표현을 하는 방법
- 프레젠테이션 자료에 성우의 목소리와 영상을 추가하여 동영상으로 만드는 방법

위와 같은 차별화된 다양한 방법을 학습하고자 한다면 저자의 유튜브 채널에 방문하여 구독 후 메일을 보내 주세요. 개별적으로 시청 링크를 한시적으로 보내드립니다!

캠타시아의 핫스팟 기능은 비디오·이미지·주석과 같은 시각적 객체에 적용되는 효과이며, 클릭과 관련된 사용자 정의 가능한 기능으로 개체를 설정할 수 있는 것이다. 즉, 캠타시아로 동영상을 제작하면서 자동으로 잠시 멈춤 되도록 하거나, 필요한 영상 위치로 이동하게 하거나, 설정된 인터넷 URL로 넘어가도록 할 수 있다. 이는 일방향적인 동영상 출력 방식에서 보다 역동적인 효과를 줄 수 있다.

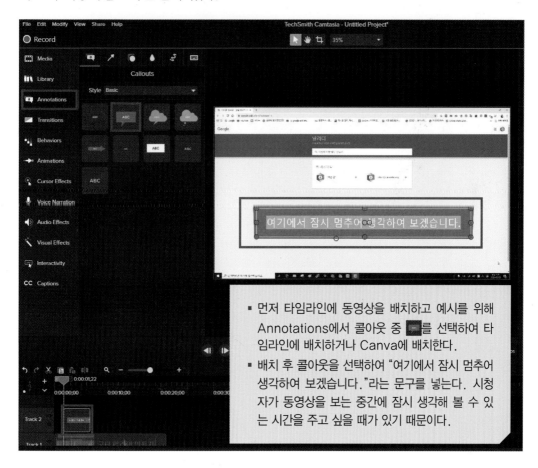

- 먼저 타임라인에 동영상을 배치하고 예시를 위해 Annotations에서 콜아웃 중 ▨를 선택하여 타임라인에 배치하거나 Canva에 배치한다.
- 배치 후 콜아웃을 선택하여 "여기에서 잠시 멈추어 생각하여 보겠습니다."라는 문구를 넣는다. 시청자가 동영상을 보는 중간에 잠시 생각해 볼 수 있는 시간을 주고 싶을 때가 있기 때문이다.

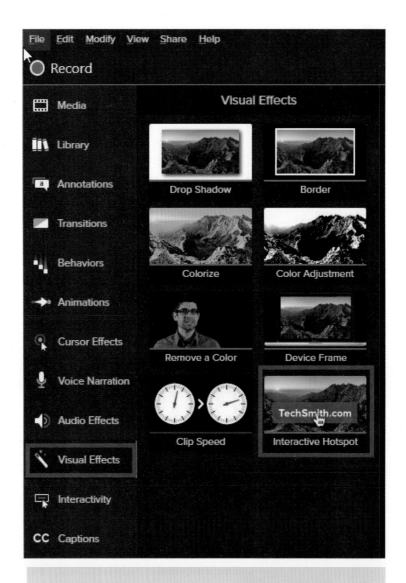

- 이때 강의장에서 대면강의를 하는 중이라면 잠시 말을 멈추고 질문을 한 후 생각할 수 있는 시간을 주고 기다리면 된다. 이러한 맥락의 효과를 비대면 동영상에서도 주고자 할 때는 Visual Effects 〉 Interactive Hotspot을 선택하여 타임라인의 동영상으로 Drag & Drop해 놓도록 한다.

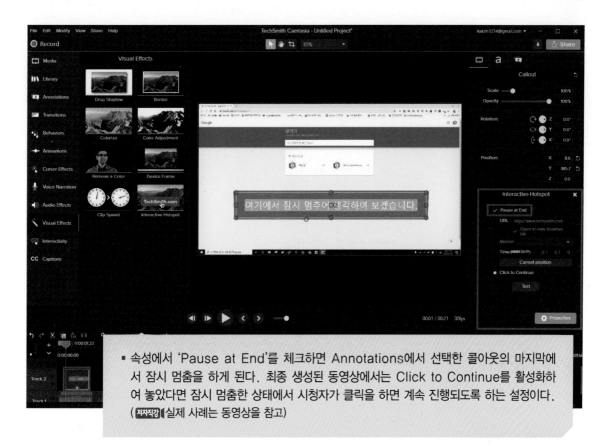

■ 속성에서 'Pause at End'를 체크하면 Annotations에서 선택한 콜아웃의 마지막에
서 잠시 멈춤을 하게 된다. 최종 생성된 동영상에서는 Click to Continue를 활성화하
여 놓았다면 잠시 멈춤한 상태에서 시청자가 클릭을 하면 계속 진행되도록 하는 설정이다.
(저자직강 실제 사례는 동영상을 참고)

➔ URL : 등록한 인터넷 주소로 이동하게 된다.

➔ Open in new browser tab : URL에 등록한 인터넷 주소의 화면이 새로운
창으로 나타난다.

➔ Marker : 동영상 제작자가 지정한 Marker가 있을 경우 지정된 Marker로
이동하게 할 수 있다.

➔ Time(MMM:SS:FF) : 타임라인에서 지정된 시각의 위치로 이동하게 한다.

➔ Current position : 현재 위치의 Time(MMM:SS:FF)란에 표시하여 준다.

➔ Test : 클릭 시 속성의 효과를 미리보기할 수 있다.

• 타임라인에서 'Visual Effects 〉 Interactive Hotspot'에 다음과 같은 속성 조건이 있다면 Interactive Hotspot이 지정된 위치에서 잠시 멈춘다. URL에 등록한 인터넷 화면이 새로운 창으로 열리게 된다.

Tip

Visual Effects 〉 Interactive Hotspot의 기능은 이미지와 동영상에 모두 줄 수 있다. 따라서 Pause at End의 경우도 이미지에 효과를 준 것과 동영상에 효과를 준 것을 구분할 수 있어야 한다. (저자직강) 자세한 내용은 동영상에서 사례로 설명)

잠깐!

핫스팟을 포함하는 동영상 생성 방법

❶ screencast.com 또는 TechSmith 릴레이와 같은 TechSmith 호스팅 솔루션에 비디오를 업로 드한다. 두 서비스 모두 스마트 플레이어를 사용하고, 사용하기 쉬운 내장 코드와 빠른 공유를 위한 링크를 제공한다. Screencast의 경우 아래의 조건에 따른 비용이 발생한다. 대용량으로, 전문적 인 독자적 쌍방향 동영상 서비스를 할 것이 아니라면 Screencast를 활용하는 것이 합리적이다.

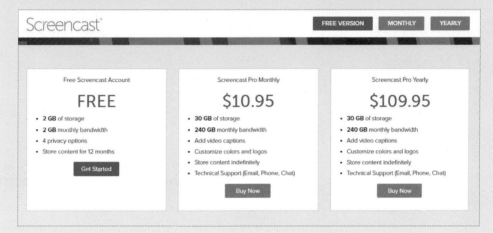

❷ 자신의 웹 사이트에서 비디오와 스마트 플레이어를 모두 호스팅한다. Smart Player로 비디오를 제작한 후 자신의 웹 사이트에 비디오 및 관련 파일을 업로드하는 방법이다. 다만 이 경우에는 미디 어 서버를 직접 운영해야 하므로 부가적인 비용이 많이 들어갈 뿐만 아니라 트래픽에 따라 핫스팟과 무관하게 느려지거나 다운되는 경우도 있다.

◪ www.techsmith.com에 접속한다.

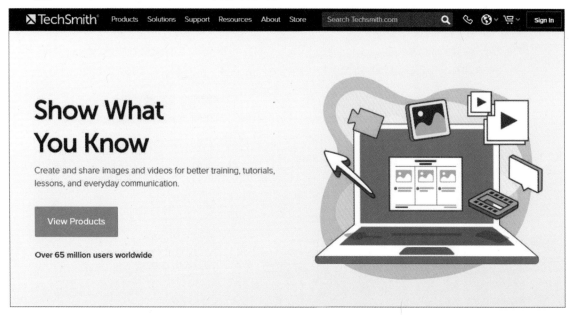

◪ Products 〉 Camtasia 메뉴에서 'Buy'를 선택한다.

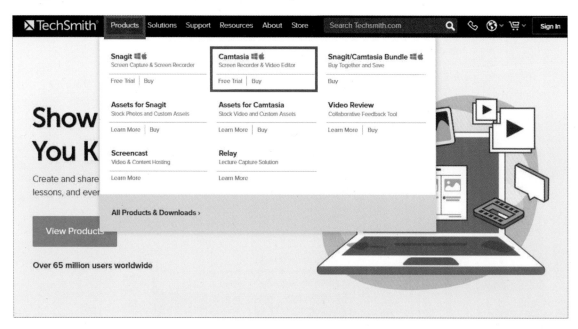

■ US 달러 기준 금액(249달러)이 나온다. "Add to Cart"를 클릭하여 담아 놓고 결제
한다.

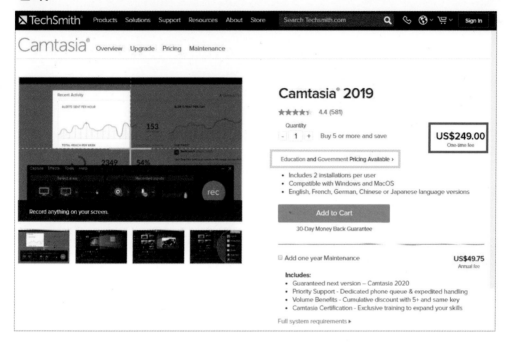

■ 교직원 및 학생의 경우(169달러) 할인이 가능하다.

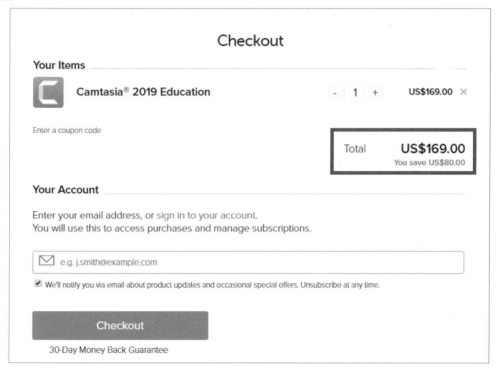

스마트러닝 플랫폼을 위한 저자의 제언

누구도 예상하지 못했던 코로나19 사태로 인하여 비대면 온라인 교육의 시대가 활짝 열렸으나 많은 사람들이 이러한 상황 대처에 미처 준비를 하지 못했다. 그야말로 두 손 놓고 있을 수밖에 없는 상황이었다.

처음 전자결재를 도입할 때, 일부 사람들은 서로 얼굴을 보고 숨소리를 들으며 표정을 읽을 수 있어야 한다는, 개인의 선호에 의한 대면 결재를 주장하는 경우가 많았다. 하지만 이제는 그렇게 하고 싶어도 할 수가 없다. 내가 원한다고 하더라도 상대방이 꺼리고 있으며, 그렇게 주장하는 것 자체가 통용될 수 없는 시대가 도래한 것이다.

많은 교수님들이 갑작스럽게 온라인 동영상을 만들어야 하는 상황에 대하여 어떤 느낌이었을까? 학교에서 캠퍼스의 여유로움과 사색의 시간을 통해 교육 소재를 찾던 시대에서, 이제는 집 안에 틀어박혀 컴퓨터와 카메라 및 이러닝 시스템에 익숙해지기 위한 인고의 시간을…, 몇 개월의 시간은 그렇게 흘러갔다.

대학교 1학년이지만 대학교에 갈 수 없는, 갈 수는 있으나 반기는 이가 없는, 만나서 신나게 대화할 수가 없는 1학년 학생들. 선배와 교수님과 주변의 사람들과의 소통이 부족한 1학년, 그들에게 대학교는 과연 어떤 의미가 있을까? 이러한 현상을 대학교의 현상으로만 보지 말고 직장으로 확대하여 보자. 신입으로, 경력사원으로 입사했으나 동료와 직장 상사와의 대면이 없는 재택근무가 주가 되는 회사를 상상이나 했을까?

하지만 이제 이러한 시대의 변화에 익숙해져야 한다. 그저 익숙해지는 것으로는 되지 않으며 리딩해야 한다.

스마트 러닝은 경험과 연륜이 많을수록 좋다. 그래서 액티브한 시니어에게는 지상 최고의, 최대의 기회가 오고 있는 것이다. 디지털 리터러시 시대에는 뇌 나이가 지배하게 된다. 마치 자율주행 차의 도입으로 이동의 자유와 장애 요소가 없어지게 되듯이 코로나19 이후의 시대에 주목받게 되는 것은 누가 이러닝 기반의 스마트 러닝 플랫폼을 잘 활용하느냐일 것이다.

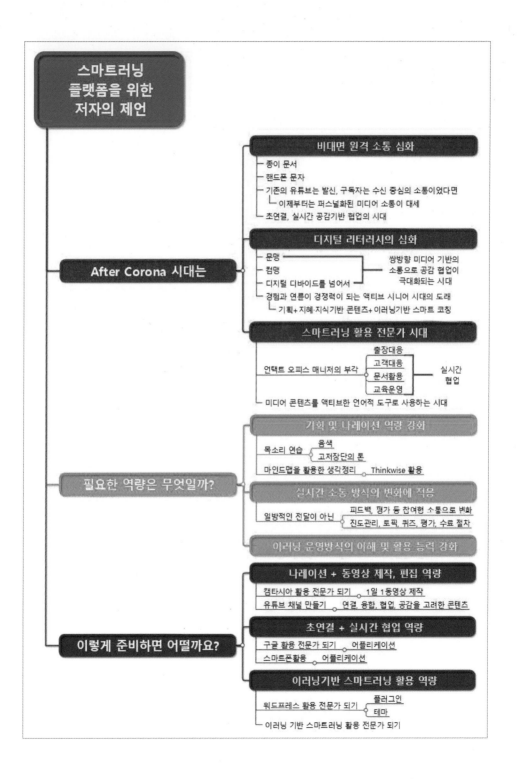

스마트러닝
플랫폼을 위한
저자의 제언

비대면 원격 소통 심화
- 종이 문서
- 핸드폰 문자
- 기존의 유튜브는 발신, 구독자는 수신 중심의 소통이었다면
  └ 이제부터는 퍼스널화된 미디어 소통이 대세
- 초연결, 실시간 공감기반 협업의 시대

디지털 리터러시의 심화
- 문맹
- 컴맹
- 디지털 디바이드를 넘어서
  쌍방향 미디어 기반의 소통으로 공감 협업이 극대화되는 시대
- 경험과 연륜이 경쟁력이 되는 액티브 시니어 시대의 도래
  └ 기획+지혜·지식기반 콘텐츠+ 이러닝기반 스마트 코칭

스마트러닝 활용 전문가 시대
- 언택트 오피스 매니저의 부각
  - 출장대응
  - 고객대응   실시간
  - 문서활용   협업
  - 교육운영
- 미디어 콘텐츠를 액티브한 언어적 도구로 사용하는 시대

After Corona 시대는

기획 및 나레이션 역량 강화
- 목소리 연습
  - 음색
  - 고저장단의 톤
- 마인드맵을 활용한 생각정리   Thinkwise 활용

실시간 소통 방식의 변화에 적응
- 일방적인 전달이 아닌
  - 피드백, 평가 등 참여형 소통으로 변화
  - 진도관리, 토픽, 퀴즈, 평가, 수료 절차

이러닝 운영방식의 이해 및 활용 능력 강화

필요한 역량은 무엇일까?

나레이션 + 동영상 제작, 편집 역량
- 캠타시아 활용 전문가 되기   1일 1동영상 제작
- 유튜브 채널 만들기   연결, 융합, 협업, 공감을 고려한 콘텐츠

초연결 + 실시간 협업 역량
- 구글 활용 전문가 되기   어플리케이션
- 스마트폰활용   어플리케이션

이러닝기반 스마트러닝 활용 역량
- 워드프레스 활용 전문가 되기
  - 플러그인
  - 테마
- 이러닝 기반 스마트러닝 활용 전문가 되기

이렇게 준비하면 어떨까요?

젊은 세대는 활동력과 스마트 기기에 대한 익숙함으로 경쟁력을 가지고 있으며, 기성세대는 대한민국을 이끌어 온 지혜와 지식이 바탕이 되어 경쟁력을 가지고 있다. 이제 세대 간의 갈등이 아니라 세대 간의 융합적 시너지가 도래할 것이다. 그러므로 기성세대는 자신의 지혜와 지식을 이러닝을 기반으로 하여 젊은 세대에게 전파하여야 할 책무를 가지고 있으며, 젊은 세대는 이러한 지혜와 지식을 이러닝 기관을 통해 대학교가 아니더라도, 교육기관이 아니더라도 언제 어디서든 스마트폰을 통해 체득하고자 하는 노력이 수반되어야 한다.

그러한 맥락에서 『캠타시아 활용 전문가 되기』는 기능을 이해하고 학습하는 데 그치는 것이 아니라 어떻게 활용할 것인가에 대한 고민을 했고, 그러한 고민을 지면에서 멈추는 것이 아니라 이러닝을 기반으로 하는 스마트러닝 플랫폼으로 독자에게 다가갈 것이다.

IT 인프라 및 멀티미디어 기기에 대한 활용 능력이 높은 대한민국은 이러한 시대의 변화에 최적화되어 있으며, 게다가 공감 기반의 협업 마인드가 잘 갖추어진 선진국이다. 필연적으로 세계를 선도할 수밖에 없는 구조가 된 것이다. 자신의 콘텐츠를 제작하고, 편집하고, 전파하고, 모니터링하고, 토픽에 참여하고, 필요시 퀴즈를 통한 평가 및 보상 등을 직접 운영할 수 있는 여러분을 기대해 본다.

동영상을 제작, 편집, 공유할 수 있는 미디어 콘텐츠 활용 역량을 위한
『캠타시아 활용 전문가 되기』,
미디어 컨텐츠를 초연결+공감+실시간 협업할 수 있는 역량을 위한
『구글 활용 전문가 되기』,
두 권의 도서를 통해 체득된 역량을 체계적으로 교육, 코칭할 수 있는 역량을 위해 『이러닝 기반 스마트러닝 활용 전문가 되기』가 다음 도서의 제목인 이유다.